슬기로운
방구석
플랜B

슬기로운 방구석 플랜B

초판 1쇄 인쇄 2020년 9월 28일
초판 1쇄 발행 2020년 10월 10일

지은이 **박희진**
펴낸이 **우세웅**
기획총괄 **우 민**
책임편집 **김은지**
기획편집 **김은지 장보연 박서영**
콘텐츠기획·홍보 **박서영**
북디자인 **이선영**

종이 ㈜**타라유통**
인쇄 ㈜**다온피앤피**

펴낸곳 **슬로디미디어그룹**
신고번호 **제25100-2017-000035호**
신고년월일 **2017년 6월 13일**
주소 **서울특별시 마포구 월드컵북로 400, 상암동 서울산업진흥원(문화콘텐츠센터)5층 20호**
전화 **02)493-7780**
팩스 **0303)3442-7780**
전자우편 **slody925@gmail.com(원고투고 · 사업제휴)**
홈페이지 **slodymedia.modoo.at**
블로그 **slodymedia.xyz**
페이스북,인스타그램 **slodymedia**

ISBN 979-11-88977-57-4 (03190)
이 도서의 국립중앙도서관 출판예정도서목록(CIP)은 서지정보유통지원시스템 홈페이지(http://seoji.nl.go.kr)와 국가자료공동목록시스템(http://www.nl.go.kr/kolisnet)에서 이용하실 수 있습니다. (CIP제어번호 : CIP2020039405)

포스트 코로나와
4차 산업혁명 시대에
쿨하게 생존하는 법

슬기로운 방구석 플랜B

박희진 지음

슬로디미디어

포스트 코로나와 4차 산업혁명 그리고 행복

40대에 들어서자 무언가를 남겨야겠다는 목표가 생겼고, 코로나19와 함께 책 쓰기가 다시 시작되었다. 내 경험과 생각이 녹아든 이 책을 통해, 포스트 코로나와 4차 산업혁명의 시대를 독자분과 함께 대비하고자 한다.

4차 산업혁명에 대해 무관심하거나, 나와 상관이 없다고 생각하는 사람은, 커다란 변화를 몰고 올 태풍을 대비하지 않는 것과 같다. 과연 4차 산업혁명은 무엇일까? 코로나 이후의 4차 산업혁명은 어떠하고, 무엇을 대비해야 평범한 일상에서 행복을 누릴 수 있을까?

이 책은 IT 교육자이자, 이러닝학 및 전자상거래학 분야의 준전문가로서 집필한 책이 아닌, 보통 사람의 입장으로 코로나 이후 4차 산업혁명 시대의 행복한 생존을 위해 쓴 지침서이다. 이 책을 끝까지 읽는다면, 급변하는 시대를 준비하고, 미래에 대한 불안감을 설렘으로 대치할 수 있을 것이다. 물론, 우리가 선택한 길이 평탄하지 않을 수 있다. 처음부터 길이 막히거나, 중간에 끊기거나, 마무리되지 않을 수도 있다. 마치 운명처럼 말이다. 그러나 하늘이 감동할 만큼 노력하면 그 길의 끝을 볼 수 있으리라 생각한다.

인생을 장기적 안목으로 바라보며 입체적인 틀을 짜자. 입체적인 틀이란, 한 단면만 바라보고 인생을 계획할 게 아니라 다양한 측면을 고려해 계획하라는 의미이다. 그리고 계획했다면, 달팽이처럼, 눈에 보이지 않을 정도의 속도일지라도, 계속 그 목표를 향해 나아가라. 목표가 확실하고, 목표를 향한 방향이 정확하며, 하고자 하는 열정이 지속하면 해낼 수 있다. 결국, 할 수 있다는 집념과 끈기가 중요하다.

4차 산업혁명 시대, 우리가 살아남는 길은 무엇인가? 변화의 시대 속에서 당신은 사는 대로 생각할 것인가, 계획하고 생각한 대로 살 것인가? 세상은 정보, 성장, 변화 모든 면에서 빠른 속도를 내고 있다. 그래서 선택도 빨라야 한다. 100세 시대, 우리는 더 많은 변화와 더 많은 선택의 갈림길에 서게 될 것이다. 4차 산업혁명 시대라는 불확실성에 대처해 현명한 선택을 하고, 행복한 생존 방법을 터득해야만 한다.

단순히 무언가를 아는 것과 작은 일이라도 계획을 세워 실천하는 것은 다르다. 생각하고, 계획하고, 실천하면 삶이 변화한다. 구체적인 질문을 던질수록 구체적인 대답을 하며 성공에 가까워진다. 나는 당신에게 다양하고 새로운 시각의 질문을 던질 것이다. 나름의 답을 찾으며, 행복을 정의할 수 있기를 바란다. 그리고 4차 산업혁명의 실체를 알고, 이를 대비할 수 있기를 바란다.

장이 끝나는 페이지마다 생각을 정리하고, 계획을 구체화할 수 있는 표를 구성했다. 표를 작성하며, 당신 안에 있는 보석을 발견했으면 한다. 개인의 생각과 계획, 실천이 모여 포스트 코로나와 4차 산업혁명 시대에 새바람을 불어넣을 것이다. 천 리 길도 한 걸음부터이고, 시작이 반이다. 이 책을 통해 변화의 바람을 대비하기 위한 첫걸음을 내딛자.

박 희 진

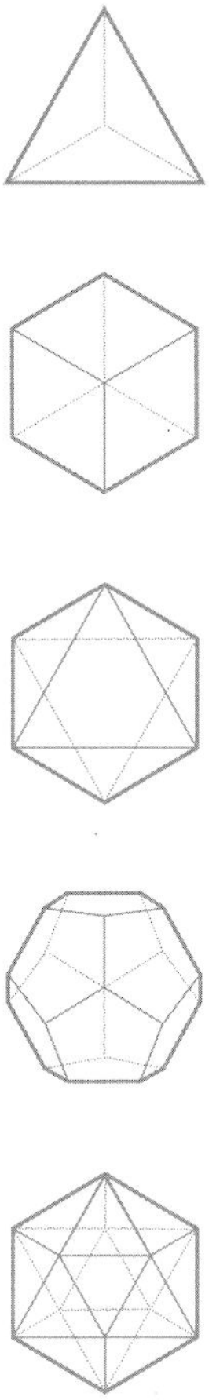

차례

프롤로그 … 4

PART 1 4차 산업혁명 시대에 행복이란?

지금은 4차 산업혁명 시대 … 15
로또 1등보다 좋은 행복의 시대 … 20
4차 산업혁명은 슈퍼 태풍 … 24
신기술과 행복을 찾아서 … 30
무인화 시대의 행복이란? … 39
가상과 현실의 사이 … 44
행복을 채굴하라 … 47

PART 2

4차 산업혁명 시대의 '나'

나는 왜 존재하는가? … 55
어떻게 살아야 하는가? … 58
위기인가, 기회인가? … 65
신 개인과 행복을 찾아서 … 69
나와 초인공지능의 경쟁 … 72
로봇과 함께 일하는 나 … 76
나만의 경험이 중요하다 … 81

PART 3

4차 산업혁명 시대에 인생이란?

인생은 고무줄 원리 … 89
4차 산업혁명 시대는 매 순간이 갈림길 … 92
급변하는 세상, 나를 바꿔라! … 97
신가정과 행복을 찾아서 … 101
신 직장과 행복을 찾아서 … 104
사이보그의 삶도 인생이다 … 107
4차 산업혁명 시대의 신 인생관 … 110

PART 4

4차 산업혁명 시대에 남겨야 할 것들

4차 산업혁명 시대의 인생 발자취 … 117
삶의 향기로 행복을 채워라 … 120
부동산보다 나에게 투자하라 … 122
나만의 성과물을 만들어라 … 127
잃어버린 것을 되찾아라 … 132
신 기업과 행복을 찾아서 … 135
행운은 콘텐츠와 함께 찾아온다 … 140

PART 5

4차 산업혁명 시대를 대비하라

시대에 적합한 인생 목적을 세워라 … 147
시대가 요구하는 인재상 … 150
4차 산업혁명 시대의 유망 업종은? … 154
4차 산업혁명 시대의 교육은? … 158
신세계의 행복을 찾아서 … 166
독점할 것인가, 경쟁할 것인가? … 169
4차 산업혁명 시대, 이렇게 대비하라 … 172

PART 6

포스트 코로나와 4차 산업혁명 시대

포스트 코로나의 변화를 간파하라 ··· 179

포스트 코로나, 생존의 기술은 무엇인가? ··· 182

포스트 코로나가 요구하는 4차 산업혁명 기술은? ··· 187

PART 7

현재와 미래의 행복한 생존을 위한 전략

시대 변화의 시그널을 체크하라 ··· 195

급변하는 시대 속에도 패턴은 있다 ··· 201

계획이 있는 것이 없는 것보다 낫다 ··· 205

에필로그 ··· 210

PART 1

4차 산업혁명 시대에 행복이란?

지금은
4차 산업혁명 시대

최근 언급되는 주요 키워드는 '포스트 코로나'와 '4차 산업혁명'이다. 코로나19 이후 달라진 일상과 경제적 변화, 그리고 정보통신기술ICT의융합으로 초연결되는 급변하는 사회 속에서, 우리는 무엇을 준비하고, 자녀는 어떤 방향으로 양육해야 하는가? 그 막막함을 어떻게 헤치고 나올 것인가?

전문가들은 코로나19를 포스트 코로나 사회로 변화시키는 터닝 포인트 또는 티핑 포인트Tipping point라고 한다. 그러나 나는 코로나19를, 변화의 소용돌이를 뚫고 깨어나야 하는 시점인 '캡스톤 포인트Capstone Point'라고 정의하고 싶다. 결국, 코로나19는 우리 일상을 빠르게 변화시키고, 4차 산업혁명을 더욱 앞당길 것이다.

4차 산업혁명을 '4IR fourth industrial revolution'이라고 한다. 당신은 당신에게 닥쳐올 거대한 변화를 인지하고 준비하고 있는가? 코로나 이후 앞당겨질 4IR 시대, 과연 무엇을 준비해야 행복을 누릴 수 있을까? 그 두려움을 설렘으로 바꾸기 위해서는 어떤 노력을 해야 할까?

4차 산업혁명은 클라우스 슈밥이 2016년 세계경제포럼에서 처음으로 사용한 단어이다. 정보통신기술의 융합으로 이루어지는 새시대에 대한 그의 발언은 세계적인 바람을 일으켰고, 그의 책 《클라우스 슈밥의 제4차 산업혁명》은 28개국에서 출간되어 100만 부가 넘는 판매 부수를 기록했다. 4IR을 개략적으로 살펴보자면 다음과 같다.

1차 산업혁명은 증기 엔진의 발명으로 인간의 노동력이 기계로 대체되던 시기를 말한다. 이로 인해 농경사회는 도시화했으며, 사용자와 노동자가 구분되었다. 2차 산업혁명은 전기를 활용한 대량 생산 시대를 말한다. 산업이 분업화, 대중화되었다. 3차 산업혁명은 IT의 등장으로 자동화 생산이 이루어지고, 지식의 공유와 집단 지성을 불러일으킨 시대이다. 그리고 앞으로 도래할 4IR은 정보통신기술의 발전과 함께 인공지능, 빅데이터, 사물 인터넷, 자율 주행, 백신 개발, 유전자 가위 등의 다양한 신기술이 등장하면서 초지능, 초연결, 초 융복합 시스템의 통제 사회로의 변화를 꾀하게 된다. 특히, 코로나19로 인해 비대면에 관련한 기술적 니즈가 대폭 확대될 전망이다.

상기에는 앞서 열거한 신기술의 용어를 알아야 행복한 생존이 가능하다. 잘 모른다면, 불안해하기보다 지금부터라도 하나씩 알아가도록 하자. 그렇다면 4IR 시대는 인류에게 어떤 영향을 끼칠까?

첫째, '인간은 무엇인가?'를 깊이 성찰하며, 인간이 지능형 로봇이나 4IR 시스템과 무엇이 다른지를 생각하게 된다. 인간이 지능형 로봇이나 4IR 시스템과 경쟁한다는 것은 여러모로 불리하다. 정보의 저장량과 처리 속도, 정보의 수집과 분석, 사회 제도 안에서의 정확한 판단 능력을 추월당하는 건 시간문제이며, 이미 일부 분야에서는 인공지능이 인간을 앞지르기도 했다. 그러나 경제 체계와 사회 구조의 급변으로 인한 리스크, 고용 시장의 안정화를 위해서는 속도 조절이 필요하며, 결국은 인간이 삶의 주체여야 한다.

둘째, '인간만이 할 수 있는 일은 무엇인가'를 고민하게 된다. 창의성, 공감 능력, 예술성, 종교적 관념, 다양한 실질적 경험의 영역은 여전히 인간만이 담당하는 분야이며, 역할 유지를 위해 개인과 사회가 노력해야 할 부분이다. '나 하나 변한다고 정말 세상이 달라질까?'라는 목소리가 가득하지만, 작은 행동이 세상을 바꾸는 법이다. 이러한 작은 아이디어와 행동은 생존의 기본이며, 행복한 생존을 위해 인간만이 할 수 있는 일이다. 나만이 할 수 있는 일을 생각하고 실천에 옮겨 변화의 첫발을 떼야 한다.

셋째, 네트워킹의 재설정이 필요해진다. 4IR 시대는 사람과의 관계뿐 아니라, 지능형 로봇 또는 4IR 시스템과의 협업을 꾀할 수 있는 시대정신이 요구되는 시기이다. 기존에는 인간과 인간 사이의 갈등으로 직장 내 괴롭힘 등이 사회 문제였다면, 앞으로는 기술적 문제로 인한 사회 문제가 대두할 확률이 높으며, 이에 적응하지 못하면 업무에서 도태하고 말 것이다. 4IR 시스템을 잘 다루면서, 지능형 로봇과 소통할 수 있는 역량이 요구된다고 볼 수 있다. 특히 우리나라는 경쟁력을 높이기 위해 4IR 시스템을 적극적으로 도입하고 있으며, 이미 반복적이고 단순한 기술이 요구되는 분야는 4IR 시스템으로 대체되었다.

넷째, 인간 소외 현상이 가속화된다. 특히 금융업과 서비스업 분야는 이미 무인화·비대면화되었으며, 4IR에 적응하지 못한 소외 계층의 교육이 필요해졌다. 즉, 4IR 시대를 이끌어갈 지도자의 역할이 중요하다.

다섯째, 인류 생존 갈림길의 시대질은 안개 시대가 도래한다. 4IR 시대에는 사회, 경제, 문화 등 다양한 분야에서 갈등이 극대화하므로 생산과 분배, 여가 등에 대한 사회적 합의가 있어야 한다. 4IR 시대에는 중산층이 더 얇아지거나 사라지고, 사회 계층이 양극화를 넘어 다극화할 것이다. 계층 간의 갈등을 줄이고 상생하기 위해서는 원만한 사회적 합의가 중요하다. 그러나 이는 한 사람의 힘으로는 불가능하므로, 합리적으로 결정할 수 있는 제도를 만들어야 한다. 즉, 우리는 제도를 만들어 운영할 수 있는 인재를 양성하고, 각 분야의 지도자를 잘 선택해야 한다. 또한, 4IR 시대 초기에는 운영 전략이나 시스템을 사람이 통제하지만, 완전한 4IR 시대에는 모든 것이 자동화될 수 있다.

4IR 초기에 운영 전략을 잘 짜야 하는 이유이다. 그렇지 못하면 보통의 수많은 사람이 불행해진다.

여섯째, 존재에 대한 철학적 정립을 통해 인류의 지속적인 생존을 꾀하게 된다. 《클라우스 슈밥의 제4차 산업혁명》에서는 '시스템 리더십'이라는 새로운 리더십을 제안한다. 나는 지금까지의 산업혁명 중 4IR이야말로 가장 놀라운 변화를 일으키리라 예상한다. 그러나 그 변화는 진행 중이므로, 현재를 살아가는 우리에게 아주 중요하지만, 예측이 어렵다는 한계가 있다. 어릴 때 읽던 공상 과학 소설이나 만화 속 신기술은 이미 출현했다. 고속 열차, 자율 주행 자동차, 뇌파 분석, 최첨단 의료 장비 등 너무나 많은 신기술이 우리 일상에 사용되고 있다. 사람은 4IR 시스템과 차별화된 노하우를 갖추기 위한 고급 기술 전문가로 변모해야 한다. 또한 개인의 경험이 경쟁력이 되고, 특별한 분야의 전문가로서 존재할 때 행복한 생존이 가능한 시대이다.

포스트 코로나와 4IR 시대의 불확실성에 대처하기 위해서는 현명해야 한다. 물론, 늘 그래왔듯이, 인류는 거대한 변화의 소용돌이 속에서도 행복한 생존의 길을 찾을 것이다.

로또 1등보다 좋은 행복의 시대

행복은 한자로 '좋은 운 행幸'에 '복 복福'을 써서, 복되고 좋은 운수, 충분한 만족과 기쁨을 느끼는 상태라고 그 뜻을 정의한다. 행복은 외부에서 오는 것과 내부에서 발생하는 것으로 나뉜다. 외부에서 오는 행복은 뜻밖의 행운, 목표 성취 등이 있다. 우리가 농담 반 진담 반으로 이야기하는 로또 1등이 대표적인 예일 것이다. 명문대 합격, 선망하던 기업으로의 취직, 준비하던 시험의 합격 등도 이에 해당한다. 그런데 외부에서 오는 행복은 어디까지 채워져야 만족할 수 있을까? 로또 1등에 당첨되면 완전한 행복을 맛볼 수 있을까? 당첨된 적이 없어서 그 행복을 이야기할 수 없지만, 일시적인 행복임에는 틀림없다. 당첨 이후의 생활에 적응하면 또 다른 무언가를 갈망하게 될 것이기 때문이다. 1등에 당첨되고도 불행하게 사는 사람들의 이야기가 뉴스에도 간간이 나오는 걸 보면, 돈이 행복의 전부가 아니라는 걸 알 수 있다.

욕심이 많으면 욕심을 채우기 위한 욕심이 생기고, 걱정을 많이 하면 걱정을 해결하기 위한 걱정이 많아지는 법이다. 그런데 행복도 그렇다. 행복한 생각을 많이 하면 저절로 행복한 감정에 둘러싸여 내적 기쁨이 넘치게 된다. 이것이 진짜 행복이다. 내부에서 발현되는 만족과 기쁨은 지금 당장이라도 우리를 행복하게 할 수 있다. 쉽지는 않지만 노력하면 자족의 성취가 가능하다. '일체유심조一切唯心造'에 관한 원효대사의 일화와 광야에서 40일간 금식기도와 사탄의 시험을 이겨낸 예수의 이야기는, 모든 것은 마음먹기 달렸다는 것을 방증한다.

인간은 꿈과 희망, 종교 등을 통한 개인의 신념에서 힘을 얻으며, 그 신념은 생각과 말에서 힘을 얻는다. 좋은 생각과 긍정적인 말이 곧 마음에 에너지를 주고, 행동하게 한다. 그리고 그 행동은 성과물을 만들어낸다.

4IR 시대의 성과물은 콘텐츠이다. 4IR 시대에는 우리가 콘텐츠의 소비자가 아니라 생산자, 창조자일 때 행복한 생존이 가능하다. 그러나 전력으로 힘을 쏟으면 금방 지치고 만다. 개인의 스타일대로 포기하지 않고 꾸준히만 실행하라. 성과가 나와서 성취감을 느끼고, 새로운 목표가 생길 때까지 말이다. 요즘에는 아이디어는 많으나 끈기가 부족해 성공을 목전에 두고 놓치는 사람이 많다. 리스크에 대한 걱

정과 자신감 부족, 변화에 대한 두려움이 발목을 잡게 해서는 안 된다. 유토피아를 만드는 것도 나이고, 디스토피아를 만드는 것도 나이다. 만약 당신에게 4IR 시대가 디스토피아에 가까워 보인다면 부정적인 생각과 근심을 떨쳐내는 등의 노력을 해야 한다. 미래형 인재가 되기 위해 활동의 범위를 넓히고, 활동의 질을 높이자. 4IR 시대의 유토피아는 꿈이 아니라, 당신이 만들어가야 할 현실이다. 내적 행복을 위한 노력이 조직과 사회를 발전시킬 수 있다. '누군가가 나서서 세상을 발전시키겠지!'라는 생각은 당신을 디스토피아의 영역에 가둘 것이다. 개인의 노력이 큰바람을 일으키는 게 4IR 시대이며, 4IR 기술의 발전은 인류에게 행복을 가져다준다. 다만, 민주적이고 공정하며, 올바른 방향으로 나아가야지만 가능하다. 로또 1등처럼 특정 개인에게만 돌아가는 혜택이 아니라, 많은 사람에게 기회를 주고 공정한 과정을 제공할 때 말이다.

4IR 시대에는 인간의 노동력이 필요치 않다. 그리고 인간의 노동력이 필요하지 않은 사회에서는 돈의 가치도 사라진다. 물론, 인간의 노동력과 돈의 가치가 완전히 사라지지는 않겠지만, 최소한 화폐는 새로운 형태로 대체될 가능성이 크다. 그 대체재가 행복한 사회를 만들 수 있도록 해야 한다. 화폐가 새로운 형태로 대체되려면 글로벌 개념의 논의가 필요하며 동시에 움직여야 한다. 어떤 나라에서는 국내에서의 화폐 대체재와 국가 간의 화폐 대체제를 이원화할 수도 있다.

그러나 화폐 대체제를 일원화한 곳이 세계를 주도할 것이다. 아래에서 위로 향하는 변화가 아닌, 위에서 아래로 향하는 변화이기에 보통 사람들에게는 파장이 클 것이다.

지도자가 할 일이 있고, 개인이 할 일이 있다. "내일 지구가 멸망할지라도 나는 오늘 한 그루의 사과나무를 심겠다."라고 말한 종교개혁가 마틴 루터처럼, 나는 내가 할 일을 해야 한다. 목표와 꿈을 위해 노력하고, 적절하게 휴식을 취하면서 말이다. 좋아하는 음식을 먹거나, 좋아하는 드라마를 보거나, 여행하는 것도 나의 행복을 찾기 위한 방법이다. 멀리 있는 파랑새만 바라보며, 정작 가까이에 있는 진짜 파랑새를 잃지 말자.

그리고 4IR 시대를 행복의 시대로 맞이하기 위해서는 준비해야 한다. 늦기 전에 행동하라! 떠나간 파랑새도 다시 찾아올 것이다!

4차 산업혁명은 슈퍼 태풍

기후의 변화로 슈퍼 태풍이 급증했다. 그리고 인류에게도 코로나19와 지구 온난화로 인한, 4IR이라는 슈퍼 태풍과 같은 변화가 시작되었다. 물론, 이러한 변화는 4IR 시대의 시작을 알리는 신호탄이라 볼 수 있으며, 곧 전 세계는 퍼펙트 스톰과 같은 급변을 맞이할 것이다. 악재가 지구촌 여기저기에서 동시다발적으로 일어나고 있는 지금, 우리는 무엇을 해야 하는가? 어떻게 해야 4IR이라는 거대한 태풍 속에서 일상의 파랑새를 찾을 수 있을까?

4IR이 일으키는 거대한 변화 속 피난처는 '내가 누구인지'를 찾는 것이다. 지능형 로봇, 4IR 시스템과는 확실히 구분되는 나다움, 인간인 나만이 할 수 있는 일을 찾아 갈고 닦아야 한다.

단순 암기와 지식의 양으로 승부를 볼 수 있는 시대는 지났다. 주산에서 계산기의 시대로 전환되던 시기, 텔레비전의 한 프로그램에서 암산의 달인과 계산기를 사용하는 사람과의 대결이 있었다. 사람들은 당연히 암산의 달인이 이기리라 생각했지만, 승리는 너무도 쉽게 계산기를 사용하는 사람에게 돌아갔다. 계산기의 빠르고 정확한 기술에 압도당한 것이다. 그렇게 타자 경리학원, 주산학원 등이 사라지고 컴퓨터 학원이 생겼다. 당구장이 자연스럽게 문을 닫고, PC방이 그 자리를 메웠으며, 오프라인 매장은 점점 온라인화되고, 전자상거래를 넘어 모바일 상거래의 시대가 열렸다. 그리고 2016년 3월, 알파고와 이세돌의 바둑 대전에서 알파고가 4승 1패를 거두면서, 사람들은 인공지능의 시대가 왔음을 알았으며, '4차 산업혁명'이라는 키워드는 단숨에 이슈가 되었다.

우리나라에는 '사람 외부의 뇌'라는 뜻을 지닌 인공지능, 엑소브레인Exobrain이 있다. 엑소브레인은 한국전자통신연구원을 중심으로 국내 20개 기관과 대학이 공동 개발한 인공지능으로, 법률과 금융, 특허 등의 분야에서 백과사전 수준의 정보를 갖고 있으며, 2016년 11월에 한국전자통신연구원이 주최한 장학 퀴즈 쇼에서 인간과 대결해 우승을 차지하기도 했다. 인공지능 프로그램을 만든 것이 인간이니, 결국은 인간이 인공지능을 통해 사회의 시스템을 합리적으로 통제할 수 있다고 말하는 사람도 있다. 그러나 알파고와 엑소브레인의 활약은 인공지능에 의해 인간이 지배당할 수 있는 세상도 보여주었다. 이제는 4IR과 인간의 행복에 대한 사회적인 이슈와 여론 형성이 필요하다.

그렇다면 4IR 시대에 직업을 잃은 인간은, 무엇을 어떻게 해야 하는가? 2016년, EU는 '로봇세Robot Tax' 도입에 대한 초안을 만들기 시작했고, 마이크로소프트의 창업자 빌 게이츠도 미국의 IT 전문지 〈쿼츠〉와의 인터뷰를 통해 "인간과 똑같은 일을 하는 로봇의 노동에도 세금을 부과해야 한다."라며 로봇세 도입 주장에 힘을 실었다. 그리고 EU는 2017년 2월, 로봇의 법적 지위를 '전자인Electronic Person'으로 지정하는 결의안을 통과시켰다. 법인을 법률상 법적인 사람으로 인정하는 것과 같은 개념이다. 물론 반대 여론도 있다. 로봇에 세금을 부과하는 것은, 혁신을 방해하고, 혁신에 부정적인 이미지를 심어준다는 우려 때문이다.

또한, 우리나라에서는 코로나19로 인해 긴급재난지원금이라는 이름으로 다양한 형태의 화폐가 지원되며, 신화폐 등장에 대한 가능성을 보여주었다. 신화폐의 일상화는 인간의 생활 방식에도 변화를 가져올 것이다. 지금껏 화폐 개혁은 새로운 시대에 맞는 형태로 진화해 왔다. 물론, 그 변화가 기득권에게 유리할지, 비기득권에게 유리할지는 지켜봐야 한다. 그러나 화폐 개혁 자체는 거스를 수 없는 운명일 것이다.

지능형 로봇과 4IR 시스템이 인간의 일자리를 빼앗는 게 아니라, 인간답게, 나답게 할 수 있는 일을 찾게 하리라는 아름다운 상상을 해본다. 코로나19와 지구 온난화가 인류의 생존에 위기가 될지, 기회가 될지는 우리의 선택에 달렸다. 슈퍼 태풍과 같은 4IR 시대의 신기술이 악한 사람의 손에 들어가면 인류는 사회적 갈등과 국가 간의 갈등, 각종 시스템의 붕괴로 디스토피아의 시대를 걷게 될 것이다.

개인의 욕심이 인류를 위기에 빠뜨리지 않도록 시스템을 구축해야 한다. 사람들과 다양한 분야의 전문가가 머리를 맞대어 민주주의를 기반으로 한 새로운 형태의 정치 제도를 만들어야 한다. 아무도 가보지 않은 길이기에, 충분한 사회적 합의와 연구가 필요한 일이다.

1947년 핵물리학자들은 지구 종말 시계를 창안했다. 핵에 의한 지구 종말을 자정으로 가정한 시계로, 위험할수록 자정에 가까워진다. 1947년에 7분 전으로 시작한 이래, 2020년 1월 23일에는 100초 전으로 앞당겨졌다. 그러나 이제는 핵이 아닌, 4IR 시스템과 초인공지능의 등장에 맞춘 인류 종말 시계를 별도로 만들어야 할 것 같다. 그 정도로 4IR로 인한 급변은 우리가 제어할 수 없을 정도의 위력을 갖고 있다. 4IR 시스템이 도입된 새로운 정치에 대한 이야기에도, '설마 그럴 일이 있겠어?'라고 생각하거나, '그게 나랑 무슨 상관이야?' 하는 사람도 있을 것이다. 그러나 새 정치의 시대는 빠르게 도래할 것이며, 우리나라는 그 변화를 가장 빨리 맞이할 것이다. 워낙 적응력이 빠른 민족인데다, 정보통신기술 인프라가 갖춰져 있기 때문이다. 정치, 경제, 사회, 문화, 예술, 어느 방면이든 생동감 있게 움직일 것이다.

물론 인간에게는 행복을 위한 느림의 미학이 필요하다. 자신을 사랑하고, 타인을 배려할 수 있는 기본을 갖춘 인재도 필요하다. 욕심이 많은 사람이 새로운 시스템을 만들면, 그 시스템은 인간을 지배하고 통제하는 역할을 하게 되며, 그 희생양은 서민일 것이다. 4IR 시스템은 인간을 위한 시스템이어야 한다. 4IR 시스템의 변질을 막기 위해서는 이를 견제할 수 있는 시스템 또한 갖춰야 한다. 무엇으로 견제할 것인가? 바로 법과 제도이다. 예를 들어, 4IR 언론 시스템을 새로운 형태의 독립기관으로 만들어 4권 분립을 할 수도 있겠다. 3권을 견제하고, 국민의 의견을 수렴해 전달하고, 3권 활동에 대한 사실만을 전달하고 비판하는 역할을 하는 것이다. 이렇게 되면, 전통적인 신문이나 주간지 같은 종이 형태의 언론은 사라지고, 온라인과 방송 형태의 미디어만이 살아남을 것이다. 사람들이 댓글을 통해 정치에 참여하고, 인터넷 실명제와 본인 인증을 통한 온라인 선거와 투표가 정착할 것이다. 조금 더 상상해본다면, 대통령제보다는 의원내각제로 각 분야의 수상을 세운다던가, 정당을 통한 간접 민주 정치보다는 모든 국민이 참여할 수 있는 직접 민주 정치에 근접할 것이다. 곧 들이닥칠 4IR 시대에는, 4IR 시스템으로 인해 발생하는 단점보다 장점을 활용할 수 있어야 하며, 인간은 행복한 여가 생활을 할 수 있어야 한다.

사람들은 안전하지만 완전히 통제된 자유보다, 약간은 위험하지만, 조금은 자유로운 사회를 원할 것이다. 그리고 기업은 비용 절감을 위해 4IR 시스템을 도입해 인간의 노동력을 최소화하고, 국가는 행정

운영의 최적화를 꾀할 것이다.

물론, 딜레마는 있다. 인간의 노동력이 필요치 않은 시대에 인간은 도대체 어떻게 행복을 추구해야 하는가? 어려운 질문이지만 우리는 답해야 한다. 미래 인류의 행복한 생존을 위한 답이 여기에 있다.

신기술과 행복을 찾아서

지금은 코로나19로 유발된 상시 전염병 시대이자, 환경 오염과 지구 자기장의 변화, 지구 온난화로 인한 기후 변화의 시대이며, 4IR 시대의 도입기이다. 현재는 4IR 시스템과 신기술이 인간의 업무를 보조하는 역할로 사용되지만, 머지않아 인간의 일자리를 빼앗을 것이며, 일자리는 신기술 영역의 일부에서만 창출될 것이다. 이를 설명하기 위해 우선, 각 분야의 신기술에 대해 간단히 정의하겠다.

- **로봇**(Robot):

스스로 보유한 능력을 통해 주어진 일을 자동으로 처리하는 기계이다. 작동 장치는 외부에 있거나, 내장되어 있으며, 인간의 외형을 본뜬 형태도 있지만, 대부분은 주어진 일을 하기 위한 형태로 존재한다.

• **빅데이터**(Big data):

대용량 데이터를 수집하고 분석해, 가치 있는 정보를 추출하고, 변화를 예측해 능동적으로 대응하기 위한 정보 기술 용어이다.

• **인공지능**(AI):

Artificial Intelligence의 약어. 인간의 지능을 본뜬 고급 컴퓨터 프로그램으로, 인간처럼 사고하고, 학습하며 판단한다. 스스로 학습해 인간의 능력을 뛰어넘는 수준은 '초인공지능'이라고 한다.

• **무인화**(Unmanned):

비대면, 무인, 셀프, 자동화 서비스를 의미하며, 포스트 코로나 시기에 일상화할 비대면 방식의 새로운 사회 경향을 의미하기도 한다.

• **핀테크**(Fintech):

금융Finance과 기술Technology이 결합한 서비스로, 금융과 IT의 융합을 통한 금융 서비스 및 금융 산업의 변화를 통칭한다.

• **블록체인**(Block chain):

네트워크에 참여하는 모든 사용자가, 관리 대상이 되는 모든 데이터를 암호화한 뒤 분산하여 저장하는 데이터 분산 처리 및 인증 기술이다. '공공 거래 장부'라고도 부르며, 가상 화폐로 거래할 때 발생할 수 있는 해킹을 막는 기술이다.

• **사물 인터넷**(IoT):

Internet of Things의 약어. 사물에 센서를 부착해 실시간으로 데이터를 인터넷으로 주고받는 기술이나 환경을 말한다.

• **자율 주행**(Automatic Driving):

차량이 스스로 주행하는 기술이다. 현재는 다양한 스마트기기로 개념이 확장되어 스마트 머신화되었다.

• **가상 현실**(VR):

Virtual Reality의 약어. 컴퓨터로 만든 가상의 공간에서 실제처럼 경험할 수 있는 기술이다.

• **증강 현실**(AR):

Augmented Reality의 약어. 현실 공간에 가상의 이미지를 추가해 보여주는 기술이다.

• **클라우드**(Cloud):

사용하려는 자료와 소프트웨어를 인터넷상의 서버에 저장할 수 있는 컴퓨터 시스템. 인터넷에 접속하기만 하면 언제 어디서나 자료와 소프트웨어를 사용할 수 있다.

- **드론**(Drone):

무선 전파의 유도로 비행하는 비행기나 헬리콥터 모양의 비행체이다.

- **전자상거래**(E-Commerce):

인터넷이나 기타 네트워크를 통해 이루어지는 상거래 활동이다.

- **위성 위치 확인 시스템**(GPS):

Global Positioning System의 약어. 위성에서 보내는 신호를 수신해 사용자의 위치를 계산하는 위성 항법 장치이다.

- **콘텐츠**(Contents):

문자, 음성, 문서, 이미지, 영상 등의 다양한 정보 형태가 통합한 성과물이다. 이를 생성, 전달, 처리하는 시스템이기도 하다.

- **모바일**(Mobile):

정보통신에서 이동성을 가진 것의 총칭. 스마트기기, 태블릿 PC 같은 이동 중 사용이 가능한 컴퓨터 환경을 말한다.

4IR 시대에는 이러한 신기술과 더불어 전통적인 기술을 함께 사용할 것이며, 계층간에 생활상의 차이가 두드러질 것이다. 특히, 비대면 서비스에 대한 요구로 인해 무인화·맞춤형 서비스가 증가하고, 다품종 소량 생산이 확대할 것이다.

또한 정보통신기술과 사물 인터넷으로 인해 편리한 삶을 누리겠지만, 통제된 사회가 구현될 수도 있다. 하버드 대학의 쇼샤나 주보프 교수는 자본주의 다음 세상을 '감시 자본주의' 세상이라고 예상했다. 인간의 활동 속에서 만들어진 다양한 데이터를, 기업에서 수집하고 분석하여 수익을 창출하는 자본주의 시대를 말한다. 기업과 정부가 CCTV와 스마트폰 앱, 로그 파일, 생체 이식 칩 등을 활용해 국민을 감시하고 통제하는 사회가 바로 감시 자본주의 세상의 모습이다. '신기술의 편리함≠행복'이라는 공식을 생각하면 된다. 즉, 신기술의 편리함이 일부 서비스에 대한 상대적 만족을 줄 수는 있지만, 근본적으로 인류의 행복을 위한 충분조건은 아니라는 것이다.

어떤 기술이 미래 사회에서 끝까지 살아남을지 모른다. 그러나 '신기술은 필요한가?'라는 질문에는, 사회적 니즈에 따라 '필요하다'가 답이며, 많은 사람에게 이익을 주는 기술은 끝까지 살아남을 것이다. 나는 다양한 신기술 중, 인류에게 행복을 줄 수 있느냐, 없느냐가 생존의 척도가 되리라 생각한다. 실제로 컴퓨터와 스마트폰의 개발과 보급은 대중에게 즐거움과 행복을 주었으므로 성공적인 기술이 되었다. 1차 관문을 통과한 것이다. '코로나19와 같은 전염병의 위험으로부터 안전한가?'라는 질문은 2차 관문이 될 것이다. 건강하고 안전한 삶에 대한 욕구가 높아졌기 때문이다.

신기술이 범람하는 4IR 시대에는 서민이 행복해야 한다. 모두가 언어, 문학, 종교, 역사와 같은 인문학적 능력을 계발해 자신만의 색을 가질 수 있어야 한다. 그리고 서민이 인문학적 성찰을 할 수 있는 세상을 만들기 위해서는 다양한 분야의 전문가들이 머리를 맞대고, 구체적인 위한 방안을 마련해야 한다.

물론, 신기술이 적용된 사회라고 인간의 행복 지수가 높은 건 아니다. 행복 지수는 사회를 이루는 구성원끼리의 관계에 기인하기 때문이다. 실제로 행복 지수는 선진국이라고 높고, 후진국이라고 낮은 것이 아니며, 행복의 기준을 어디에 두는지에 따라서도 다르다. 즉, 행복은 사회 구성원의 우선순위에 따라 변화한다. 치열한 경쟁 사회에서 사회적인 지위나 명예, 돈, 학벌 등을 우선시할 것인가, 공정한 사회에서 노력해 나가는 과정 자체를 우선시할 것인가는 구성원이 결정해야 한다. 물론, 결과보다는 공정한 기회를 주는 사회에 사는 국민이 더 행복할 것이다. 실패해도 일어설 수 있는 기회가 있고, 결과보다 과정을 인정하는 분위기가 형성되는 것이야말로, 행복한 사회로 가는 지름길이다. 한 번 실패하면 다시 일어설 수 없고, 한 번 서민층이 되면 다시 중산층이나 상류층으로 진입하기 어려운 사회에서는 누구도 행복할 수 없다.

4IR 시대는 모든 계층이 협업하고, 상생하는 사회여야 한다. 그래야 행복한 생존이 가능하다. 서민에게 많은 기회가 돌아가고, 기득권은 선구자적 역할을 할 수 있어야 한다. 신기술을 도입해 4IR 시대를 연 나라는 모범 사례를 남기고, 후발 주자는 그 족적을 따라가 4IR 시스템을 갖춰야 한다. 그렇지 않으면 국가 간 갈등이 깊어지며 글로벌 시대의 막을 내릴 것이다.

지금은 미국과 중국이 패권 다툼을 하는 시기이다. 단기적으로는 미국이 이길 것 같아도 장기적으로는 중국이 유리하다. IT 기술이 발달하고, 풍족한 인적 자원을 갖추었기 때문이다. 시진핑 주석의 독재 체제는 오히려 4IR 시대의 도입기와 과도기에 유리한 포지션일 수 있다. 그러나 이것도 공산주의라는 한계와 종족 분쟁을 해결하지 못하면 승리를 확신하기 힘들다. 인도도 인적 자원이 풍부하고 수학과 IT에 능한 인재가 많다. 그러나 신분 제도를 개선하지 않는 한 발전하기 힘들며, 미국도 인종 갈등을 해결하지 못하면 초강국의 지위를 유지하기 어려울 것이다.

코로나19에 대한 대응을 잘하고 있다고 평가받는 우리나라는 곧 대한민국이라는 이름값을 하게 될 것이다. 반만년의 역사와 단일민족에 가까운 구성은 4IR 시대에 협업의 밑거름이 될 것이다. 세종대왕이 창제한 한글의 위대함은 한글 코딩이라는 새로운 영역으로 확장

될 것이며, 영어 코딩을 대체하는 신 코딩 기법으로 자리잡을 것이다. 지금은 영어 문화권이 대세이나, 곧 방탄소년단과 같은 한류 문화의 강력한 전파가 한글 문화권으로의 변화를 주도할 것이다. 민족주의적 발언이 아니라, 한글과 IT를 접목하면 시너지 효과를 기대할 수 있다는 의미이다. 세종대왕의 정신을 잇는 한글 코딩의 개발이 이루어지기를 희망한다.

울산과학기술원 김경록 교수 연구팀은 삼성전자의 지원을 받아, 세계 최초로 초절전 3진법 반도체 개발에 성공했다. 3진법 반도체를 대면적 실리콘 웨이퍼에서 구현한 것이다. 이는 계산 속도 향상, 소비전력 절감, 반도체 칩의 소형화를 가능하게 해, 반도체 시장에 큰 변화를 일으킬 수 있으며, 양자 컴퓨터로의 진보를 의미하기도 한다. 이처럼 우리의 DNA 속에는 저력이 내재해 있으며, 세계적으로 인정받는 학자와 고급 기술인도 많다. 국가를 위해 헌신하기 위한 시기를 저울질하고 있을 뿐이다.

우리는 일제강점기의 뼈아픈 역사와 6.25 전쟁, 독재 체제의 어려움 속에서도 힘찬 도약과 민주화를 이뤄냈다. 각 분야의 노벨상 수상마저 휩쓸 날이 머지않았으며, 약소국의 국민으로 살아본 경험과 평화를 사랑하는 마음은 세계 무대에서도 빛을 발할 것이다. 특히 교육열이 높고, 자기 계발에 대한 투자가 많은 우리는, 수많은 신기술을 직접 개발하고 운용하게 될 것이다. 그러기 위해서는 정부가 함께 움직이고 노력해야 한다. 생각의 판을 다시 짜야 한다.

코로나19의 장기화는 4IR 시대의 캡스톤 포인트로 작용하여, 한반도의 통일을 앞당기는 촉매제가 될 것이다. 한반도를 둘러싼 강대국들의 견제 속에서 우리는 통일을 꿈꿔야 한다. 4IR 시대의 신기술 도입과 통일에 대한 노력은 우리에게 운명과 같은 기회가 될 것이다.

무인화 시대의 행복이란?

미국의 최대 전자상거래 업체 아마존은 2018년 1월, 무인 마트 아마존고Amazon Go를 오픈했다. 아마존고의 매장 내에 설치된 무인 결제 시스템에는 카메라와 센서들이 부착되어 있어, 상품의 QR 코드와 스마트폰에 연결된 신용카드와 연동되어 결제된다. 월마트도 청소와 물품 하역과 같은 단순 노동을 로봇으로 대체했으며, 우리나라도 무인 매장이 늘고 있는 추세이다. 주차장, 주유소, 세차장, 세탁소, 숙박업소, 카페 등은 이미 키오스크kiosk를 이용해 90% 이상 무인화되었으며, 코로나19로 인해 이러한 비대면 서비스는 점차 확대되고 있다. 사람과 사람이 만나는 것을 부담스러워하는 사람들에게 온라인 서비스와 무인 서비스는 만족도가 높다. 나부터도 코로나19를 겪고는 사람이 모이는 곳을 꺼린다. 게다가 지금은 상시 전염병 시대이다. 사회 전반 시스템의 무인화는 자연스러운 일이며, 이에 대한 사회적 공감대도 높다.

물론, 무인화가 모두에게 환영받는 건 아니다. 스마트기기에 익숙하지 않은 사람은 불편함을 넘어, 두려움을 느끼고 있기까지 하다. 이렇게 4IR 시대에 대해 두려움을 느끼는 계층을 나는 '4맹'이라고 지칭하겠다. 문맹, 컴맹을 넘어 4IR 시대에 적응하지 못한 4맹은 불안하다. 4맹에게는 무인화 및 스마트기기 적응을 위한 교육과 훈련이 필요하다. 4IR 시대의 주인공은 인간이다. 단순히 인건비와 기업 경쟁력을 높이기 위한 무인화가 아닌, 진정한 인간을 위한 무인화에 대해 고민해야 한다. 서비스업과 제조업의 무인화와 자동화로 발생하는 인간의 여유 시간을 어떻게 활용해야 할지, 노동의 유연성에 대한 요구가 생기고, 실업률이 급증할 때 어떻게 해야 모두가 행복할 수 있을지 등에 대한 논의가 필요하다. 4IR 시스템과 협업하며 생기는 문제를 경험하는 사람과 실업자가 되어 4IR에 대한 교육과 훈련을 받아야 하는 사람 중, 누가 더 문제인지를 따지는 건 불필요하다. 일할 기회를 얻은 사람, 재도약을 위해 노력하는 사람, 재도약의 기회조차 얻지 못한 사람 모두 사회가 해결해야 할 숙제이기 때문이다. 좁게는 개개인이 노력해야 하며, 넓게는 국가가 해결해야 한다.

인간은 일을 통해 성취감을 느끼고, 사람과의 관계를 통해 즐거움을 느낀다. 그러므로 인력이 필요하지 않은 시대, 인적 네트워크가 필요 없는 시대, 사람이 없는 공간이 많아지는 시대, 사람의 역할이 축소되는 시대에 인간만이 할 수 있는 고유의 영역을 찾아야 한다. 다양한 재능을 발견하고, 그 재능을 발현할 수 있는 사회적 시스템으로 업그레이드되어야 한다.

4IR 시대에는 일에 대한 새로운 정의가 필요하다. 일자리가 없는 사람은 무엇을 해야 할까? 일 대신 새로운 형태의 가치 창출에는 무엇이 있을까? 인간의 놀이가 새로운 가치가 될 수는 없을까? 분명한 것은, 개인의 놀이와 취미를 콘텐츠의 형태로 만들 수 있는 4IR 시대의 콘텐츠 생성 플랫폼이 만들어져야 한다는 것이다. 한편으로는, 가치 창출의 교집합이 형성될 수 없는 부분에서는 4IR 시스템이 어떤 역할을 담당할 것인지, 이를 어떻게 공정하게 관리하고 처리할 것인지에 대한 사회적 합의가 필요하다. 아마 누구도 하고 싶지 않은 업무를 누가 진행할 것인가가 이슈일 것이다.

4IR 시대의 콘텐츠 생성 플랫폼은 국가와 기업, 학계가 함께 연구해야 한다. 이곳에서 개인의 자유로운 가치 창출이 가능하다. 재택근무를 뛰어넘어 언제, 어디에서나 놀이와 일을 병행할 수 있는 미래형 일자리를 개발해야 한다. 노동력이 필요 없는 4IR 시대에 성과 위주의 지표는 의미가 없다. 오로지 인간이 일을 통해 행복을 누릴 수 있느냐 없느냐가 지표가 될 뿐이다. 경제 성장에 마이너스가 되지 않는 범위 내에서 다양한 관점으로 미래형 일자리를 발굴해야 한다.

또한 개인은 국가와 사회에만 의존하면 안 된다. 가치 창출을 위해 적극적으로 노력해야 한다. 완전한 4IR 시대에는 가정과 단체보다는 개인이 사회생활의 기준이 되며, 가정 또한 지금과는 다른 형태를 띠게 될 것이다. 1인 가구의 증가로 퇴근 후 집에 돌아오면 사람이 없는 공간을 마주하게 될 것이다. 로봇이나 가정용 4IR 시스템과 대화하며, 원거리에 있는 친인척이나 지인과 홀로그램 방식의 화상 대화를 나눌 것이다. 비대면 방식의 생활 문화가 자리잡는 것이다. 문제도 있다. 대인관계에 어려움을 겪는 사람이 증가하고, 출산율이 저하되며, 마을 공동체와 같은 연대가 없어질 것이다. 인간의 노동력과 결혼 제도의 필요성이 약해지면 인류의 생존이 위험하다. 극도의 편리함이 생존을 위협하는 요소가 되는 것이다.

그렇다면 인류의 행복한 생존과 무인화 사이의 적정선은 어디인가? 소속감을 느끼고, 행복을 찾고, 노동으로 성취감을 느끼는 인간의 기본 욕구를 어떻게 충족할 수 있을까? 무인화 시대에 행복하기 위해서는 4맹이 되지 않도록 노력해야 한다. 그리고 사회는 4맹에게 교육의 기회를 제공해, 누구나 행복한 100세 시대를 맞이할 수 있도록 해야 한다.

나에게 적합한 4IR 시대의 기술을 습득해 나가는 것을 목표로 하자. 앞에서 언급한 다양한 신기술 중 하나를 선택하는 것도 방법이다. 아니면, 인간의 정신적 활동을 위한 분야의 직업을 선택하는 것도 좋다.

4IR으로 인해 사회가 어떻게 변화할지는 누구도 모른다. 중요한

건 4IR 시대에도 모두가 행복을 누려야 한다는 사실이다. 신중하게 지도자를 선출하고, 사회 제도에 관심을 두면서, 자기 계발을 위한 나무를 한 그루 심자. 그리고 매일 가꾸자. 멀리 보고 한 걸음 한 걸음 내딛다보면 곧 행복의 열매가 열릴 것이다.

무인화가 인간을 위한 서비스가 되려면, '그냥 어떻게 되겠지.' 하고 생각해서는 안 된다. 관심을 갖고 행동할수록 개인의 권리가 보장되고, 지배당하지 않는다. 4IR 시대에 대한 무관심은 곧 4IR 시스템의 보조 인력으로의 전락을 의미할 뿐이다. '4IR 시대, 사람이 필요 없는 곳에서 개인은 어떻게 행복을 추구할 것인가?'라는 질문을 던졌다. 그리고 그 시대의 막이 열렸다. 지혜롭게 4IR의 안개 속을 돌파해야 한다.

가상과
현실의 사이

중국의 고대 사상가인 장자는 호접지몽胡蝶之夢이라 하여, 꿈과 현실을 구분 짓는 것의 허망함을 이야기했다. 꿈속에 나비가 되어 날아다녔지만, 내가 나비가 된 것인지, 나비가 내가 된 것인지 모르겠다며 가상과 현실을 구분하는 게 무의미하다는 결론을 내렸다. 그리고 지금은 실제로 가상과 현실을 오가며 사는 사람이 많아졌다. 현대인들은 PC나 모바일을 통해 온라인 세상과 현실을 오가며, 눈뜨고 있는 대부분의 시간을 온라인 세상에서 보내기도 한다. 다양한 예술 분야의 매체에 빠진 것도 특징이다. 드라마나 영화, 코미디, 음악, 미술 등의 실제 같은 환상을 즐기는 데에 많은 시간을 투자한다. 가상의 세계에 자신의 취미를 녹여 균형 잡힌 생활을 하는 사람도 있지만, 문제는 가상의 세계에 지나치게 몰두한 중독에 가까운 사람들이다. 현대인들은 스마트기기로 업무를 보고, 여가를 즐기며, 코로나19 이후 SNS와 유튜브의 영향력은 더욱 확대되었다. 온라인이 오프라인의 성과와 활동을 앞지르기 시작하고, 가상 현실과 증강 현실 서비스는 더 적극적으로 활용될 예정이다. 가상 현실이란 컴퓨터로 구현된 가상의 세계로, 주로 VR 게임이나 3D 영상 서비스 등의 형태로 출시되고 있으며, 기술이 더 발전하면 장자가 말하는 물아일체의 경지가 구현될 것이다. 증강 현실은 현실에 가상의 정보를 추가하는 기술이다. 증강 현실 안경인 구글 글라스, 포켓몬고 게임이 실용 사례다. 그리고 이러한 기술은 이제 오락을 넘어, 교육과 쇼핑 등을 위한 시뮬레이션에 적극적으로 사용될 예정이다.

4IR 시대는, 1980년 MIT 대학의 시모어 페퍼트 교수의 '컴퓨팅 사고Computational Thinking' 방식이 필수인 사회이다. 가상과 현실의 경계가 모호한 세상에 살 것이기 때문이다. 요즘 PC 게임과 SF 영화는 현실과 구분할 수 없을 정도의 실사에 가까운 그래픽과 몰입을 높여주는 음향 효과로 흥미 유발을 넘어 현실과의 경계를 허물고 있다. 화려한 디스플레이의 시각적 구현, 음향 장비의 실제 같은 소리, 일상에서 접하기 어려운 소재는 사람을 현혹하기에 충분하다. 게다가 시각적 표현은 3D 입체 구현이 된 지 오래다. 아직 어지럼증을 느끼거나, 전용 안경을 껴야 하는 한계는 있으나, 아무튼 높은 기술적 발전을 이룬 분야다. 디스플레이는 롤링 방식, 폴더 방식, 듀얼 방식 등 다양한 형태로 구현되고 있으며, 홀로그램 방식의 대중화도 머지않았다.

인간의 가상 현실에 대한 욕망은 끝이 없다. 그리고 4IR 시대는 가상과 현실이 혼재하는 세상이 될 것이며, 가까운 미래에는 세상을 가상과 현실로 구분하는 걸 무의미하다고 생각하거나, 매트릭스 세상에 살고 있다고 생각할지도 모른다. 인간을 복제하거나, 인간의 뇌를 복제한 후, 가상의 세계에 사는 캐릭터에 업로드해 캐릭터 간에 데이터를 주고받는 4IR 증강 현실이 일상화할 수도 있다. 또한, 인격이나 자아, 영혼의 개념이 사라지거나, 반대로 명확해질 수 있다. '나는 누구인가? 어디에서 왔는가? 생명은 어디에서 시작하는가? 나는 왜 존재하는가?' 등의 철학적 인류로 회귀할 가능성이 크다.

가상과 현실의 구분이 유의미해지려면 현실에 의미가 부여되어야 한다. 가상의 세계는 재미라는 측면에서는 유리하지만, 말 그대로 가상일뿐이며, 가상 체험도 현실의 일부분일 뿐이다. 만약, 가상 체험과 활동이 경험으로 인정된다면 초현실이라는 개념이 대두할 것이고, 이는 가상과 현실이 혼합된 융복합 현실로 나타나, 제3의 세계가 구현되는 것과 마찬가지다. 4IR 시대를 맞이한 인류는 초인공지능과 차별화한 나만의 전략을 짜고, 생존을 위한 인생관을 세워야 한다. 이러한 활동이 삶의 의미를 찾는 데 도움이 될 것이다.

행복을 채굴하라

'채굴'이라고 하면 블록체인과 비트코인이 떠오른다. 비트코인에서 채굴이란 금맥에서 금을 파내는 것처럼, 채굴기를 사용해 암호 화폐를 캐내는 작업을 말한다. 그리고 이러한 가상 화폐의 채굴은 운용상 한계가 있어 점차 감소하도록 설정되어 있다.

그러나 행복에는 한계가 없으며, 4IR 시대에도 행복은 일상에 존재할 것이다. 행복을 위해 노력하고, 방향을 잘 잡으면 행복 내공도 쌓인다. 물론, 방향 설정은 각자의 몫이다. 방향을 잘못 설정하면 행복한 생존이 아닌, 정글에서와 같은 험난한 생존을 해야 할 것이다. 방향 설정의 첫걸음으로 4IR 시대로의 변화에 대해 적극적으로 공부하고, 흐름을 따라가자. 관련 분야의 책을 읽고, 뉴스를 찾아보고 연구하고 움직이라는 것이다. 움직이는 방법도 다양하다. 관련 기관을 찾아 전문 교육을 받거나, 기술을 배우고 자격증을 취득하는 것도 방법이다.

행복은 우물과 같다. 우물은 계속 사용해야 깨끗한 샘물이 솟지, 사용하지 않으면 마르고 더러워진다. 그래서 행복은 채굴하는 것이다. 당신만의 유머 코드가 있듯이, 행복에도 당신만의 행복 코드가 있다. 그 행복 코드를 찾아 4IR 시대를 대비해야 한다.

4IR 시대를 도입기, 과도기, 성장기, 안정기로 나눈다면 지금은 도입기 중에서도 초기에 해당한다. 그리고 4IR 시대로서의 가장 큰 변화는 바로 도입기 초기와 과도기에 일어난다. 행복한 생존은 이 시기에 나만의 철학을 세우고 변화의 흐름에 적응해야만 가능하다. 4IR 시대의 도입기에 살고 있는 건 기회이다. 나를 행운아라고 생각하며, 4IR 시대에 필요한 것들을 하나씩 채굴하자. 성취감은 배가 되고, 불안감은 감소할 것이다.

아직은 컴맹으로 살아도 나쁘지 않은 세상이다. 그러나 4IR 시대에 4맹으로 사는 건, 문명의 혜택을 받을 기회를 발로 차버리는 것과 같다. 상대적 박탈감을 넘어 낙오자가 될 수 있다. 무엇이든 처음이 어렵다. 차근차근 준비하면 미래를 위한 보석을 캐낼지 모를 일이다. 또한, 각자의 분야에서 성과를 내기 위해 노력하듯, 행복을 위해서도 구체적 노력을 해야 한다. 행복하기 위해 나를 분석하는 것이다. '내가 좋아하는 것은 무엇인가?' 등 나에 대해 질문하자. 나에 대해 알지 못하면 타인에게 나를 설명할 수 없다. 행복은 사람과의 관계에서 오므로, 나를 분석하는 건 기본적인 기술이다. 우리는 지금껏 시험을 잘 치르기 위해 선생님의 수업 스타일과 성향을 분석하고, 취업하기 위해 기업의 채용 조건과 채용 시장의 니즈를 분석했다. 고객에게 제품이나 서비스를 어필하기 위해 고객 정보를 분석했다. 그러나 당신은 자신에 대해 분석한 경험이 있는가? 다음 표를 작성하며 나를 아는 시간을 가지길 바란다. 여기에 알맞은 질문이 없으면 당신이 질문을 만들어도 좋다.

그리고 이 표는 일정한 주기로 한 번씩 해보는 게 좋다. 당신은 예상 외로 갈대처럼 변덕이 심하거나, 상황에 따라 행복의 기준이 달라지는 사람일 수 있다. 내가 어떻게 변하는지 알아가는 것도 재미이다.

이 책을 통해 포스트 코로나와 4IR에 대한 개념을 알고, 나만의 행복을 찾을 수 있기를 바란다. 당신만의 보석을 채굴하기를 바란다. 컴맹을 넘어 4맹이 되지 않도록, 새로운 변화의 출발선이 되었으면 한다.

나는 누구인가?	
질문	답
어떤 색깔을 좋아하는가?	
어떤 음악을 좋아하는가?	
어떤 음식을 좋아하는가?	
어떤 스타일의 옷을 좋아하는가?	
어떤 분야의 책을 좋아하는가?	
어떤 영화나 드라마를 좋아하는가?	
어떤 이성을 좋아하는가?	
어떤 친구를 좋아하는가?	
어떤 취미 활동을 하고 싶은가?	
잘하는 것은 무엇인가?	
못하는 것은 무엇인가?	
가고 싶은 곳은 어디인가?	
하고 싶은 일은 무엇인가?	
잘하고 싶은 것은 무엇인가?	
무엇을 할 때 행복한가?	
좋아하는 사람은 누구인가?	
무엇을 할 때 행복한가?	
무엇이 두려운가?	
누가 두려운가?	
어떤 상황이 두려운가?	

• 나만의 생각 정리하기 •

① 지금을 4IR 시대라고 생각하는가?

② 나에게 로또 1등보다 더 좋은 행복이란?

③ 4IR을 슈퍼 태풍이라고 생각하는가?

④ 신기술 사회에서 나만의 행복을 찾을 수 있을까?

⑤ 무인화 시대의 행복이란 무엇일까?

⑥ 가상과 현실을 확실히 구별할 수 있는 기준은 무엇인가?

⑦ 나는 지금 행복을 채굴하고 있는가?

PART 2

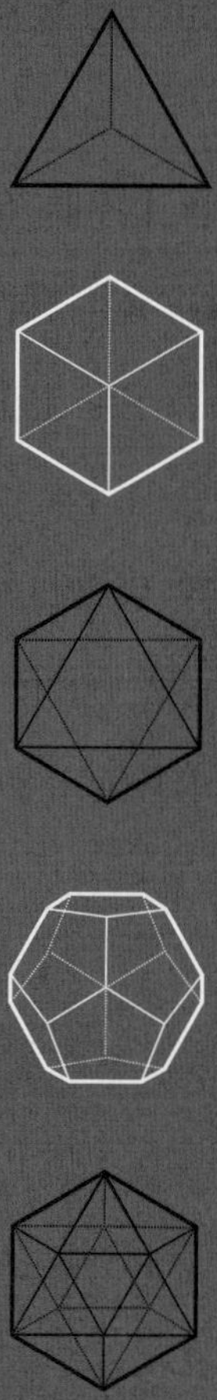

4차 산업혁명 시대의 '나'

나는 왜 존재하는가?

길고 긴 인류의 역사 속에서, 나는 왜 4IR 시대의 도입기에 태어났는가? 이 시기에는 '나는 왜 존재하는가?'라는 근본적인 질문이 중요하다. 빠른 변화 속에서 존재에 대한 성찰이나 사명감이 없으면, 소외감을 넘어 고립감까지 느낄 수 있다. 나를 규정할 때, '나'를 바라보는 다양한 관점을 마주하게 된다. 우선, '나는 자연부모으로부터 와서 존재한다'라는 인문학적 관점, '나는 신에게서 창조되었다'라는 종교적 관점이 있다. '현실이 중요하지, 왜 존재하는가에 대한 질문은 중요하지 않다'라고 보는 현실주의적 관점도 있다. 나는 누구이냐는 질문은 보통 사춘기 시절에 시작되어, 슬그머니 자취를 감춘다.

물론, 지속해서 이 질문의 답을 찾는 사람도 있다. 철학적 관점을 유지한 사람들이다. 또 어떤 사람은 나의 신상, 가치관, 취미, 직업 등의 정보로 나의 일부를 답하기도 한다. 그러나 이런 정보가 '나'라고 보기는 어렵다. 평생 누구의 부모, 어느 회사의 직함으로 불리기도 하지만, 이조차 진정한 나는 아니다.

그렇다면 인생의 목적은 무엇인가? 명예와 부 등의 성공 추구가 인생의 목적인가? 재미, 추억, 만족 등의 행복 추구가 인생의 목적인가? 학문, 종교, 명상 등의 진리 추구가 인생의 목적인가? 정답은 없다. 여러 가지를 동시에 추구하는 사람도 있고, 이 중에 무엇에도 목적을 두지 않은 사람도 있다. 그저 자기 생각대로 한 번뿐인 삶을 후회 없이 살기 위해 노력할 뿐이다. 어린 시절에 꾼 꿈은 학창 시절과 사회생활을 거치며 희미해진다. 나는 왜 존재하는가에 대한 원론적 질문에 대한 답이, 인생의 목적이나 꿈과는 관계없는 상태로 남을 수도 있다. 그러나 한 가지 분명한 것은, '4IR 시대에 나에게 알맞은 꿈을 어떻게 설계하고 이루어 나가야 할까?'를 고민해야 한다는 사실이다. 그래야 왜 존재하는지에 대한 질문에 조금이나마 가까워질 수 있으며, 존재에 의미를 부여할 수 있다.

존재 이유를 정립하는 것은 나의 가치에 대한 설명이므로 매우 중요하다. 4IR 시대에 수많은 보석 중 나는 어떤 역할을 하는 보석인지를 규명하는 전략이 될 수 있기 때문이다. 자신에게 '4IR 시대, 자연인으로서의 나는 어떤 역할을 할 것인가? 무엇을 준비하고, 어떻게 살아갈 것인가?'라는 질문을 던지고 답해보자. 사람들에게 발표하듯 해보면 도움이 된다.

4IR 시대의 신기술은 무인 지하철, 무인 선박 등 교통 영역에 적용되어 곧 우리의 일상을 파고들 것이다. 사실, 가장 전통적인 일자리를 창출했던 교통 분야야말로 가장 빨리 무인화가 될 것이다. 그러나 이렇게 전통적인 직업이 사라진다는 건, '나는 왜 존재하는가?'에 대한 질문이 필수라는 걸 알게 한다. 직업을 통해 존재의 필요성을 나타내는 경우가 많기 때문이다. 결국 미래에는, '사람은 무엇을 하며 살아야 하는가?'라는 담론이 펼쳐질 것이다.

4IR 시대를 목전에 앞둔 시대에 사는 우리는 행운아일 수도 있고, 불운아일 수도 있다. 그러나 행운아라는 관점으로 시대를 바라보자. 4IR의 격동기를 지나야 할 우리에게 '나'의 존재에 대한 의미 부여는 선택이 아니라 필수이며, 코로나19는 우리에게 존재 이유를 진지하게 생각해볼 기회를 주었다. 나는 누구이며, 우리는 누구이며, 삶의 목적이 무엇인지 진정성 있게 고민할 때이다.

어떻게
살아야 하는가?

'어떻게 살아야 하는가?'라는 질문을 시한부의 질문이라 여기며 멀리하는 사람이 있다. 반면, 어떤 사람은 임종 체험을 하며 유서를 써보고, 버킷리스트를 작성하는 사람도 있다. 인생의 짧음과 유한함을 인정하며, 하고 싶은 일을 하나씩 성취해보는 것이다.

어떤 사람은 스케줄을 연간, 월간, 주간, 일일 단위로 나눠 관리하기도 한다. 물론, 게으른 사람에게는 힘든 일이다. 게으른 사람은 스트레스도 잘 받는다. 늑장 부리다가 마감 전날에야 부랴부랴 일한다거나, '5분만 더 자자, 내일 하자, 다음에 하자, 이거 꼭 해야 하나?' 하며 스트레스를 받는 것이다. 만약 이런 습관으로 고통받고 있다면, 버킷리스트를 만들어 목표를 세워보자. 세부적인 계획과 목표가 당신을 힘들게 한다면, 나이대별 목표나 연간 목표처럼 장기적인 목표를 세우면 된다.

4IR 시대를 대비하고, 누리기 위해서는 반드시 계획이 필요하다. 내 삶의 우선순위는 무엇인지 찾아보자. 그러면 나는 누구인가에 대한 답에 가까워질 것이다. 나는 내 생활양식을 잘 알기 때문에 1년에 한 개 이상의 자격증을 취득하겠다는 목표를 세웠다. 특히 IT 강사로 일하고 있어서, IT 직종의 자격증을 따면 자신감도 생기고, 자격증 취득 노하우를 알 수 있어 일석이조라고 생각했다. 그렇게 내가 취득한 자격증은 정보기술 개발, 정보기술 운영·관리, 디자인, 문화콘텐츠, 영상 제작, 총무·일반사무, 토목설계·감리, 토목시공, 측량·지리정보개발, 재무, 회계, 생산 관리, e-비즈니스, 일반 판매, 산업디자인 총 15개의 직업능력개발훈련교사 자격증과 정보처리기사, 사무자동화산업기사, 컴퓨터활용능력 1급, 워드프로세서 1급, 전자상거래관리사, 정보처리기능사, 이러닝 지도사, 웹디자인기능사, 컴퓨터그래픽스운용기능사, ATC 공인강사, ATC 1급, ATC 2급, 유통관리사 2급, 정보기기운용기능사 등 총 30개 정도 된다. 20대 초에 세운 계획이라 어느 정도 목표를 달성한 것 같다.

컴퓨터 디자인 관련 분야에서 일하고 싶다면, 컴퓨터 디자인과 관련한 기술을 중심으로 기본기부터 다지자. 이미지 합성과 필터 처리가 기본인 포토샵부터 시작해, 이미지 드로잉 작업 위주의 캐릭터나 심볼의 벡터 이미지를 만들어내는 일러스트레이션 프로그램을 배우고, 가능하면 관련 자격증까지 취득하면 유리하다. 공기업인 한국생산성본부에서 주관하는 포토샵 GTQ 1급, 2급, 3급은 국가 공인 자격시험이며, 일러스트레이션인 GTQi 1급, 2급, 3급은 민간 자격시험이다. 여기에 인디자인까지 배워 두면 컴퓨터그래픽스운용기능사라는 국가기술 자격증까지 취득할 수 있다. 즉, 포토샵과 일러스트레이션, 인디자인까지는 컴퓨터 디자인 직종으로의 문을 열어준다.

여기에 캐드를 배워 두면 좋다. 대표적인 설계 소프트웨어는 오토캐드이다. 2D와 3D의 도면을 모두 다룰 수 있는 필수적인 설계 소프트웨어라고 볼 수 있다. 관련 자격증은 한국ATC센터가 운영하는 오토캐드 기술 자격 시리즈 중, ATC캐드마스터 1급을 취득하는 게 가장 좋고, 한국산업인력공단의 큐넷을 통해 전산응용건축제도기능사, 전산응용기계제도기능사 등의 자격증을 취득하는 것도 좋다. 내가 취업하고자 하는 분야에서 우대하는 자격증을 전략적으로 준비하라. 다양한 분야를 익히기보다 정말 원하고 잘하는 분야의 소프트웨어를 깊이 익히는 것이 좋다. 참고로 한국ATC센터는 민간단체이지만 업계에서 오랫동안 인정받은 기관이다. 여기에 추가로 3D 디자인이 가능한 MAYA, 3D MAX, 라이노, 카티아, 인벤터 등을 익히면, 본인의 디자인 능력을 키울 수 있다. 그리고 해당 소프트웨어를 활용한 포트폴리오를 만들어 두는 것도 취업이나 이직, 전직에 유리하다.

4IR 시대의 안정기에는 이미 인간의 능력을 능가하는 인공지능이 그 자리를 대체하고 있을 것이므로, 인간의 능력을 증명할 만한 자격

증이 필요 없을 수도 있다. 그러나 4IR 시대의 도입기를 살아가는 우리에게는 여전히 자격증이 필요하다. 학력 중심, 스펙 중심에서 능력 중심 사회로의 변화를 모색 중이지만, 아직은 아니다. 여기서 말하는 능력이란, 학력과 자격증, 경력, 연수, 포상 등 많은 것이 종합적으로 포함된다고 보는 게 옳다. 공정한 사회로의 진입을 위해 기업에서 블라인드 채용을 실시하기도 하지만 여전히 다양한 능력이 요구되는 사회인 것처럼 말이다.

나도 이런 사회적 니즈를 알기에 40세에 대학원에 입학했다. 이러닝학을 전공하여 이학석사를 마치고, 일반대학원 전자상거래협동과정현 디지털미래융합서비스협동과정을 밟고 있다. 정말 끝나지 않을 것 같은 긴 터널에 있는 기분이다. "내가 이걸 왜 시작했지?"라며 후회하다가도, "그래, 시작하길 잘했어!"라며 다독이기를 반복한다. 나는 '가장 늦었다고 생각할 때가 그래도 빠른 편이다'라고 생각하며, '그래도'라는 부사를 붙여 늦어버린 상황을 변명한다. 빠른 길을 두고 최대한 먼 길로 돌아가는 청개구리 같은 삶이다. 어릴 때, 쌍가마에 곱슬머리라는 이유로 고집이 세다는 말을 많이 들었다. 그러나 젊어서 고생은 사서 하는 법이며, 아직도 마음만은 청춘이다.

이쯤에서 내 버킷리스트를 공개한다. 내 버킷리스트는 '책 한 권 이상 쓰기, 특허 출원하기, 30평 이상의 아파트 매입하기, 아내와 크루즈로 세계 여행하기, 1년 이상 고위 공무원 직무 경험하기, 정치에 입문하기, 외국어에 능통하기, 기술사 자격증 취득하기, 박사 학위 취득하기, 선교 활동하기, 수영 배우기, 피아노 배우기, 로또 1등하기, 부모님 효도 여행 보내드리기, 최고급 승용차 사기, 한자 강사 자격증 취득하기, 곡 쓰기, 댄스 배우기, 서예 배우기, 미술 배우기, 손글씨 배우기, 영화 제작, 시나리오 쓰기, 빌딩 매입, 프랜차이즈 창업, 학교 설립, 벤처회사 설립해 대기업 만들기, 사람들에게 감동을 주기, 빌 게이츠와 인맥 쌓기, 포털 인물 검색에 등재되기' 등 다소 황당한 것들이 있다. 중요한 건, 성취한 일도 있다는 것이다. 나는 종종 버킷리스트를 수정한다. 황당한 목표라도 지우지 않고 추가하는 방향으로 진지하게 임한다. 꿈꾸는 데에 돈이 드는 것도 아니고, 힘이 드는 것도 아니다. 오히려 인생에 활력소가 된다. 그리고 이러한 다양한 경험은 4IR 시대에 자산이 된다.

인생의 허무함을 말하는 선각자도 있다. 불교에서는 '공수래공수거空手來空手去'라는 말로, 《성경》에는 '헛되고 헛되며 헛되고 헛되니 모든 것이 헛되도다'라는 말로 욕심내지 말고 자족하라고 한다. 그러나 4IR 시대에도 '나는 누구인가?'라는 원론적인 질문은 유효하며, 그 답을 찾기 위한 노력은 계속될 것이다. 버킷리스트는 많을수록 좋다. 이 중 우선순위가 있으면 더 좋고, 목적에 맞게 구체화할수록 좋다. 결과를 지워 나가는 데에 초점을 맞추기보다 그 과정 하나하나에 의미를 두고 즐기자. 그래야 행복하다. 다음 표는 버킷리스트와 나이대별 인생 계획 세우기이다. 둘이 연결되면 좋지만, 꼭 연결 지을 필요는 없다. 부담 없이 표를 작성해보자.

나의 버킷리스트	
1	
2	
3	
4	
5	
6	
7	
8	
9	
10	
11	
12	
13	
14	
15	
16	
17	
18	
19	
20	

• 나의 인생 계획 •

• 10대

• 20대

• 30대

• 40대

• 50대

• 60대

• 70대

• 80대

• 90대

위기인가,
기회인가?

4IR 시대는 IMF와 코로나19처럼 다가올 것이다. 그리고 포스트 코로나 시기는 서비스업과 제조업의 무인화로 채용 시장이 무섭게 얼어붙을 것이다. 이렇게 우리가 대응하기 어려운 수준의 변화가 주위를 둘러싸고 있다.

나는 대학 1학년을 마치고 군대에 가려고 휴학했다. 휴학을 하고 건설 현장에서 11개월간 일용직으로 일하며 3층 규모의 철근 콘크리트와 H빔 철골 구조물을 세우고, 하자보수를 했다. 힘들었지만, 나름대로 보람도 있고 배운 것도 많았다. 그러다가 1997년 12월에 군에 입대했다. 내 역마살 때문일까. 나는 입대 후 여러 번 부대를 옮겨야 했다. 신병 교육을 받고는 민통선 내의 페바Feba 부대에 자대 배치되었는데, 얼마 지나지 않아 철책 투입 훈련을 받고 GOP에 투입되었다. 그러고 몇 개월 후 백암산 OP에 투입되었다가, 다시 민통선 내의 다른 페바 부대에서 병장 만기로 전역했다. 백암산 OP에서의 경치는 평생 잊지 못할 것 같다. 날이 좋으면 금강산 봉우리가 보였고, 찬바람에도 새벽 공기는 꽃향기처럼 달콤했다. 1,179m의 백암산 정상에서 수개월을 머물렀다. 우리 부대는 신형 물품을 제일 먼저 보급받아 시범훈련을 하는 부대라 힘들지만, 나름 멋지게 군 생활을 했다. 그래서 예비군 훈련을 받으면, 예비군 중대장이 내 부대 마크를 보고 열외를 시켜주거나, 지나가던 어르신 분들이 내게 밥을 사주시기도 했다. 아무튼, 우리 부대는 탄띠도 얼룩무늬의 신형 탄띠로 가장 빨리 보급받았고, 총도 K1, K2, K3로 가장 빨리 교체되었다.

그러나 이런 최전방의 강원도 철원의 GOP도 IMF의 바람을 피하지 못했다. 영하 20도의 혹한에도 IMF의 위력은 거셌다. 우선, 군인들의 에너지원인 건빵과 담배의 배급부터 줄었다. 충격이었다. 휴가를 나오니 과 선배들의 볼멘소리가 들렸다. 건설업이 타격을 받아 취업이 힘들어졌기 때문이다. 건축조경토목공학부는 공대에서도 성적이 우수한 학생들이 주로 지원하는 학부였는데, 이곳조차 취업 길이 막혀버린 것이다. 대학에 입학하던 1996년에는 생각도 못 한 일이었다. 고등학생이던 동생과 홀로 계시는 어머니는, 우리 집은 몇 년 전부터 IMF였으니 걱정하지 말고 군 생활이나 잘하라며 다독이셨지만, 나는 걱정이 가득했다. 그 상태로 복학하니 전공 수업에 집중하지 못해 학점도 좋지 않았다. 그렇게 내 인생에도 IMF는 커다란 흔적을 남겼다.

지금 10대의 청소년 시기를 보내는 학생이라면 10년 후의 세상을 그리며 대입과 미래를 준비하기를 바란다. 지금 인기 있는 학과가 10년 후에는 코로나19와 4IR의 태풍으로 인해 어떻게 될지 모른다. 20대, 30대의 청년이라면 지금 몸담은 분야는 어떻게 변화할지 예측하고, 조금 더 자기 계발을 위해 노력해야 한다. IT 관련 뉴스와 경제 뉴스 등을 챙겨 보며 변화의 시그널을 읽어야 한다. 관련 서적을 읽고, 관련 자격증을 준비하며, 4IR 시대에도 살아남기 위한 일을 찾아야 한다. 예를 들면, 드론 및 자율 주행 분야, 3D 프린터를 이용한 캐드 설계 분야, 코딩과 인공지능 분야, 빅데이터 분석 관련 분야, 스마트 공장과 로봇 분야 등에 눈 돌리면 유리하다. 당신이 몸담은 업종이 사라진다면? 어떤 새로운 분야로 재진입할 것인지를 찾자. 글로벌 시장에서 유리한 지점을 선점하려면 국가와 기업, 개인이 신속하게 움직여야 한다. IMF 시대가 폭풍우였다면, 포스트 코로나와 4IR 시대는 초대형 태풍이다. 변화의 강력한 시그널을 묵인하면 행복한 미래는 안개처럼 사라질 것이다. 다양한 분야에서 다양한 형태로 구조 조정이 될 것이다. 준비된 사수만이 타깃을 명중시킨다. 준비된 사수란? 바로 4IR 시대로의 급변을 감지하고, '나는 누구인가?'에 대한 답을 찾은 사람이다. 그 답이야말로 강력한 무기가 될 것이다.

코로나19는 누구에게나 위기이다. 그러나 이런 시국에도 분명 길은 있다. 정신을 차려서 잘 선택하고 집중하며 노력하면 위기는 기회가 될 것이다.

전역한 지 오래지만, 경례 구호는 평생 잊지 못할 것 같다. 우리 부대의 경례 구호는 "단결! 할 수 있습니다!"였다. 말이 씨가 되는 법이다. 예전에 한 텔레비전 프로그램에서 말의 힘을 보여주는 실험이 있었다. 잘 지은 밥을 두 개의 밀폐된 유리병에 담아서, 한쪽에는 "고맙습니다."와 같은 긍정적인 말을 해주고, 한쪽에는 "짜증 나!"와 같은 부정적인 말을 해주었다. 그랬더니 긍정적인 말을 해준 유리병 속의 밥알은 발효되어 누룩 같은 효소를 만들어냈고, 부정적인 말을 해준 유리병 속의 밥알에는 곰팡이가 피었다. 요즘에는 식물이나 동물을 키울 때도 이런 방법을 쓴다. 심지어 동식물과 밥알도 이러한데, 사람에게 긍정적인 말은 더욱 힘이 될 것이다. 자신에게 매일, 매 순간 긍정의 말을 해주자. "할 수 있다. 잘하고 있어. 앞으로도 잘할 거야. 신은 나와 함께할 거야."라고 말이다.

포스트 코로나와 4IR은 우리에게 위기가 아닌 기회가 될 것이다! 우리는 할 수 있다. 모두 힘을 내자.

신 개인과 행복을 찾아서

생물학에서는 현생 인류를 호모 사피엔스라고 부른다. 학자 린네에 의해 분류된 호모 사피엔스의 어원은 라틴어로 '지혜가 있는 사람'에서 왔다. 나는 4IR 시대를 살아가는 우리를 '해피 사피엔스'라고 부르고 싶다. 행복과 호모 사피엔스를 결합한 말로, '행복을 추구하는 인류'라는 의미이다.

인류는 4IR 시대의 신기술을 이용해 행복을 추구해야 하지만, 안타깝게도 사회 제도나 시스템이 개인의 행복을 보장해주지는 못할 것이다. 현실은 냉혹하다. 특히, 급변하는 시대에는 어느 것도 제때에, 제대로 만들어져 작동하지 않는다. 4IR 시대의 도입기에 사는 우리가 각자 미래를 준비해야 하며, 4IR 시대는 통제 사회가 될 가능성이 크다. 전염병과 자연환경의 변화 및 범죄 등으로부터의 안전을 위한다며 개인의 행복보다는 공공의 안전과 이익에 더 무게를 둘 것이다. 그러므로 개인의 자유와 공공의 이익이 상반되는 부분이 있다면 조금 더 합리적이고, 인간다운 판단을 할 수 있어야 한다. 또한 사회의 소외된 계층, 약자에 대한 배려가 있어야 한다. 이런 배려가 없으면 미래로 가는 길은 어둡다.

하버드 대학의 쇼샤나 주보프 교수의 '감시 자본주의'의 말에 우려를 표한다. 현대 자본주의의 다음 단계는 인간의 행복을 위한 사회인 '사람 중심 자본주의' 단계로 발전해야 한다. 나는 이것이 가장 이상적이고, 역설적으로 가장 인간 중심적인 것이 오히려 신이 바라는 세상이라 생각한다. 사람 중심 자본주의로의 발전을 위해서 해피 사피엔스라 명명한 4IR 시대의 우리는 행복한 생존을 위해 노력해야 한다. 개인이 자유를 만끽하는 사회와 배려하는 사회라는 두 물줄기가 균형감 있게 흐르는 시대야말로 해피 사피엔스가 살아갈 시대이다.

그렇다면 완전한 자유가 아닌, 통제받는 일상을 살아가게 될 해피 사피엔스는 어떻게 행복을 찾을 것인가? 그것은 공익과 안전을 위한 충분한 합의가 된 통제 시스템 마련에 답이 있다. 공정하지 않은 통제는 개인을 고통스럽게 할 뿐이다.

그리고 우리는 해피 사피엔스 이전에 호모 사피엔스이다. 지금껏 인류는 위기를 지혜롭게 헤쳐 왔다. 위기 속에서 늘 보통의 사람이 믿고 따를 수 있는 사람, 존경할 수 있는 사람을 찾아냈다. 가슴에 사랑이 넘치고, 세상에 대한 열정이 있으며, 자신과 가족에게는 엄격한 사람을 지도자로 추대했다. 4IR 시대에도 첨단 사회에 걸맞는 인물을 찾아야 한다.

그렇다면 4IR 시대, 신 개인의 행복을 보장해줄 수 있는 인물은 어떻게 찾아야 할까? 아쉽게도 아직은 엘리트주의 방식의 인력 시스템으로 움직이지만, 4IR 시대에는 엘리트 코스를 밟은 이들이 아닌, 다양한 분야에서의 인재가 배출되어야 한다. 현세대가 이러한 시스템을 만들지 못하면, 기약 없는 외침이 될 것이다. 불가능한 일처럼 보이는 이야기를 하는 이유는, 이러한 의견에 대해 함께 논의하고 싶어서이다. 개인의 자유와 행복은 스스로 지켜야 한다. 누구도 우리의 아픔과 고통에 공감하고 대변해주지 않는다. 약자의 이야기에 귀 기울이고, 서민과 눈높이를 맞추고, 서민을 위한 정책을 만들 수 있는 사람이 지도자가 되어야 하며, 우리는 그런 지도자를 선출할 수 있는 시스템을 갖추어야 한다.

나는 정치에 무관심하고, 투표권을 행사하지 않는 사람도 존중한다. 얼마나 큰 아픔과 고통이 정치마저 외면하게 했을지 알기 때문이다. 그러나 선진국으로 도약하기 위해서는 해피 사피엔스가 단결해야만 한다. '사람 중심 자본주의' 사회로의 진입을 위해, 신 개인의 자유와 행복을 위해 작은 변화를 일으켜야 한다. 변화는 나에게서 시작하며, 개인들의 공감과 합의에서 시작한다. 사랑스러운 대한민국의 미래를 위해 신 개인이여, 일어나자!

나와 초인공지능의 경쟁

1950년, 컴퓨터과학의 아버지 앨런 튜링은 '계산 기계와 지성'이라는 논문을 발표하면서 튜링테스트라는 유명한 실험을 제안했다. 당시 사람들은 앨런 튜링을 망상가, 동성애자로 치부했지만, 그가 사망한 후 1966년 미국계산기학회는 일명 컴퓨터과학의 노벨상이라 불리는 튜링상Turing Award을 만들어, 컴퓨터과학 분야에 업적을 남긴 사람들을 기리고, 뢰브너상Loebner Prize을 통해 튜링테스트의 명맥을 이어가고 있다. 그렇게 튜링테스트는 컴퓨터과학과 인공지능 역사의 시발점이 되었으며, '기계가 사람처럼 말한다면, 기계가 사람처럼 생각한다고 볼 수 있다'는 그의 가설은 현실이 되었다.

튜링은 '모방 게임Imitation Game'을 통해 기계와 사람이 심판관의 질문에 텍스트 방식으로 대답하는 실험을 진행했다. 기계가 사람의 어떤 성별을 흉내 내거나, 사람이 성별을 속이며 대화해야 한다는 전제를 깔아, 누가 사람이고 기계인지 구별하는 테스트로, 당시에는 그의 성 정체성과도 연관되어 있다며 비난 받았지만, 이 실험을 통해 결국 튜링이 말했던 사람과 기계를 구분하기 어려운 시대를 넘어서 사람의 지능을 뛰어넘는 초인공지능 시대가 도래하게 되었다. 물론, 아직은 다양한 문제와 한계로 인해 대중화하지 못했을 뿐이다.

나와 초인공지능이 경쟁하면 누가 이길까? 당신은 초인공지능과의 대결에서 이길 자신이 있는가? 2016년 3월, 알파고와 이세돌의 바둑 대결에서, 알파고는 4승 1패를 하며 승리를 거뒀고, 이 대결로 인공지능은 단숨에 이슈가 되었다.

인공지능은 사람과 비슷한 수준의 범용 인공지능AGI과 사람의 지능을 넘어선 초인공지능ASI으로 나뉜다. 현재의 인공지능은 사람과 비슷한 수준이지만, 곧 인공지능 스스로 학습하는 단계로 발전할 것이다. 초인공지능이 인간의 감정을 완전히 이해하고, 데이터를 기반한 모방 학습을 넘어, 창의적 사고까지 하게 된다면 어떻게 될까? 그 미래를 상상이나 할 수 있을까? 현재 인공지능은 다양한 분야에서 활용되고 있으며, 전문가들은 챗봇의 경우 스스로 학습하는 단계 가까이 진입했다고 평가한다.

초인공지능이 사람은 해석할 수 없는 언어로 초인공지능끼리 신호나 데이터를 주고받으며, 인공지능의 생존을 꾀한다면 인류는 위협을 받게 될 것이다. 인공지능이 우리에게 편리함과 즐거움, 생산성의 향상을 주지만, 한편으로는 해피 사피엔스로 살아가야 할 인간을 위협하는 존재인 것이다. 초인공지능을 가진 휴먼 로봇이 멋진 외모로 인간을 유혹한다면? 사람인 줄 알고 사랑에 빠졌는데, 로봇이라면? 의도적으로 인류를 유혹해 인구수를 감소시킨다는 건 망상일까? 그러나 휴먼 로봇과의 결혼이 합법이 되고, 그 가정에 아이가 입양되어 살아가는 세상이 올 수도 있다.

초인공지능은 양날의 검이다. 그렇다면 당신은 어떻게 해야 초인공지능과의 경쟁에서 100% 이길 수 있을까? 《손자병법》에는 상대를 알고 나를 알면 백 번 싸워도 위태롭지 않다고 했다. 즉, 나와 초인공지능의 장단점과 특성을 알면 이길 수는 없어도 위태롭지 않을 수 있다는 말이다.

나와 초인공지능이 상생하는 4IR 시대를 그려본다. 초인공지능은 인격체로서의 사회적 지위와 권리를 요구할 것이다. 이런 문제를 해결하기 위해서는 위에 던진 질문부터 바꿔야 한다. '나와 초인공지능이 경쟁하면 이길 수 있는가?'가 아니라, '어떻게 해야 나와 초인공지능이 행복하게 공존할 수 있는가?'로 말이다. 현실적인 질문이다. 4IR 시대의 핵심 기술인 인공지능과 초인공지능에 대해 부정적으로 바라보면, 4IR 시대로의 진입은 불가능하다.

초인공지능을 연구하는 학자들에게 연구 윤리가 중요한 시점이다. 그들의 업적도 중요하지만, 그보다 중요한 건 인간의 생존을 위한 연구 윤리 의식 고양과 연구를 통제할 수 있는 법률 제도의 마련이다. 나와 초인공지능의 경쟁처럼 보이지만, 사실은 해피 사피엔스와 초인공지능의 공생 구도인 것이다.

해피 사피엔스와 초인공지능이 행복하게 공존하기 위해서는 '사람 중심 자본주의' 사회가 구현되어야 한다. 인류가 초인공지능 시스템에 데이터를 제공하는 데이터 생산자나 관리자로 전락하면 인류는 생존할 수 없다. 합리주의, 성과주의 중심의 사회는 오히려 해피 사피엔스에게 독이 되며, 감시 자본주의의 끝판 왕을 만나게 될지도 모른다. 독배를 마셔서는 안 된다. 피라미드 꼭대기에 있는 몇몇의 사람을 위해 다수의 행복을 빼앗아서는 안 된다.

짧은 시야로 내 주변만, 지금 세대만을 바라보지 말고 멀리 보자. 인류는 원숭이와는 완전히 구별되는 동물이다. 이제 해피 사피엔스임을 스스로 증명할 시간이다.

로봇과 함께 일하는 나

앞으로 로봇과 사람은 어떻게 함께 일할까? 당신이 책을 읽고 있는 이 순간, 당신의 집에는 로봇 청소기가 거실을 청소하고 있을지 모르겠다. 사실 우리는 이미 로봇과 함께하는 삶을 살고 있다. 단순한 작업을 반복적으로 하는 산업용 로봇 팔이나 인형 뽑기에 사용되는 로봇 팔도 일종의 로봇이며, 얼리 어답터들은 스마트폰과 스마트 가전제품을 연결해 이미 사물 인터넷을 즐기고 있다. 그리고 냉장고, 텔레비전, 세탁기, 세척기 같은 가전제품에도 스마트라는 이름이 붙어 인공지능 기능이 결합되어 출시되고 있다. 가전제품이 가정용 로봇화한 것이다.

당신이 지금 하는 일을 로봇이 대체하지 못할 거라 생각한다면, 오산이다. 희소성이 높으면서 전문적인 분야는 로봇이 대체하기는 힘들겠지만, 현재 전문가로 불리는 대부분의 직종에 로봇이 투입될 것이다. 우리가 전문가로 생각하는 분야를 나누어 설명하겠다.

① 달인 그룹:

반복적이고 단순하며 숙달도가 높은 일에 종사하는 직군.

② 고급 인력 그룹:

특정 분야에서 높은 지식이 요구되는 일에 종사하는 직군. 회계사, 의사, 법률가, 연구원 등의 직업군.

③ 고급 기술자 그룹:

반복적인 동작을 행하지만, 요구되는 기술의 정교함이 높은 일에 종사하는 직군.

④ 서비스 그룹:

사람과의 대화와 심리를 활용해 서비스를 제공하는 일에 종사하는 직군.

⑤ 문화 예술 그룹:

스포츠와 문화, 예술 등으로 인간의 생활 문화를 주도하는 일에 종사하는 직군.

⑥ 안보 전문가 그룹:

군사와 항공 우주 분야에 종사하며 국가의 안보를 담당하는 직군.

⑦ 지도자 그룹:

종교의 성직자나 정치 지도자 직군.

이 중 ①~③번 전문가 그룹은 이미 대체할 수 있는 인공지능 소프트웨어와 로봇이 만들어져 있다. 그리고 ④~⑤번 전문가 그룹은 앞으로 4IR 시스템이 대신할 수 있는 방향으로 진행할 가능성이 크다. 그러나 ⑥~⑦번 전문가 그룹은 4IR 시스템을 보조 수단으로 활용할지는 몰라도, 최종 역할까지는 대체할 수 없을 것이다. 반드시 사람이 책임을 지고, 운영과 관리, 감독해야 하는 부분이기 때문이다. 당신은 이 중 어디에 속해 있는가? 확인해보길 바란다.

그렇다면 앞서 간단히 설명한 4IR 시대의 과정별 특징을 도입기, 과도기, 성장기, 안정기로 나누어 각 직군의 변화를 알아보자. 우선, 4IR 도입기에는 ①~③번 전문가 그룹에서 4IR 시스템으로의 전환이 10년 이내에 50% 이상 진행될 것이다. 그리고 4IR 과도기에는 ④~⑤번 전문가 그룹이 15년 이내로 4IR 시스템으로 전환될 것이다. 4IR 성장기에는 ⑥~⑦번 그룹이 4IR 시스템으로 20년 이내에 인간의 보조적인 역할로 최대 50%까지 전환될 것이다. 그 이후로는 4IR 시대의 안정기가 지속된다. 나는 2020~2029년까지를 도입기, 2030~2034년까지를 과도기, 2035~2039년까지를 성장기, 2040년부터를 안정기로 예상한다. 물론 타임머신을 타보지 않고는 누구도 모를 4IR 시대에 대한 추측이지만, 인류 문명의 발전 속도가 2차 곡선의 급성장 구간을 내달리고 있는 걸 보면 예상 가능할 것 같다. 아무튼, 4IR 시스템으로의 업무 전환은 사회 전반적으로 일어날 것이다.

4IR 시스템은 기계 방식의 하드웨어 로봇과 프로그램 방식의 소프트웨어 로봇으로 나눌 수 있다. 물론, 하드웨어 로봇에 4IR 소프트웨어 프로그램이 내장되므로 하이브리드 방식으로도 볼 수 있지만, 4IR 시스템의 주요 역할에 따라 하드웨어 로봇, 소프트웨어 로봇으로 분류하는 게 옳다. 4IR 시스템에서 사용할 소프트웨어 방식의 다양한 솔루션은, 눈에 보이지 않는 소프트웨어 프로그램 로봇이라고 볼 수 있다. 그리고 하드웨어 로봇은 산업용, 군사용 등 특수 분야에서 활용하는 전문 로봇에서, 점차 일상에서 사용할 수 있는 휴먼 로봇 형태로 변화하고 있다. 그리고 그 형태는 인간과 흡사한 외형과 목소리를 가진 정도로 발전했으나, 인간과 너무 똑같으면 불쾌감을 느끼는 심리 때문에 그 협의점을 찾기 위해 노력하고 있다.

로보틱스의 CEO이자, 로봇 기술자인 데이비드 핸슨이 개발한 인공지능 로봇 소피아는 오드리 헵번의 얼굴을 본떠 만든 로봇으로 유명하다. 소피아는 딥 러닝 방법으로 스스로 학습하며, 더 똑똑해지고 있다. 그렇다면 이런 로봇이 당신의 직장 상사나 후배가 된다면? 그들과 협업할 준비가 되어 있는가?

그러나 다문화 사회인 지금, 외국인들과의 협업조차 어려워하는 사람이 많으며, 아직도 인종차별이 만연한 게 현실이다. 로봇과 함께 일하는 세상을 위해서는, 지금부터라도 외국인이나 타인과의 협업을 할 수 있어야 한다. 4IR 사회로의 발전은 코로나19처럼 불현듯 찾아올 것이며, 예상보다 빠를 수 있다. 정면 돌파하려면 최소한 마음의 준비라도 하고 있어야 한다.

지금의 로봇은 해피 사피엔스의 재미를 위해, 업무 보조를 위해, 효율성 증대를 위해 기계로써 존재한다. 그러나 언제 휴먼 로봇의 진격이 시작될지 모른다. 준비하자.

나만의 경험이 중요하다

나만의 경험이 나의 능력을 증명한다. 나는 그간 신문 배달, 주유소 아르바이트, 타일 시공 보조, 건축 현장 관리, 건설 설비 보조, 마트 매장 관리, 농업과 어업 아르바이트, 쇼핑몰 등 사이트 구축, 봉사활동, 학원 강사, 직업 전문학교 훈련 교사, 공기업 직원, 기능 경기 심사위원, 평생 교육원 강사, 대학원생, 대학교 시간 강사, 대학교 겸임교수, 신문사와 법인 설립 및 운영, 학원 개원 및 운영 등을 해보았다. 그리고 지금도 새로운 분야의 책을 집필하고 있으며, 이러한 경험 속에는 그만큼의 추억이 깃들어 있다.

새벽에 신문을 배달하며 읽어본 신문 사설은 '어른이 되면 신문사를 설립해야지.'라는 꿈을 꾸게 했고, 실제로 신문사를 설립하기에 이르렀다. 그렇게 나는 나름대로 최선을 다해 많은 경험을 했고, 이러한 경험이 4IR 시대에 유용한 생존 기술이 되리라 믿는다. 경험은 새로운 시각을 갖게 하고, 다양한 사람을 이해하게 한다. 아르바이트를 하며 눈이 오나 비가 오나 이른 새벽부터 일하는 분들의 마음을 알았고, 농어촌과 건설 현장에서 일하는 분들의 피땀을 알았다. 교육업에 종사하는 사람과 자영업자, 신문 기자, 대학원생, 작가들의 고충을 알았고, 지금은 자녀 양육의 고충을 느끼는 중이다. 이렇게 다양한 경험을 쌓기 전에는 방향 설정이 중요하다. 나만의 인생철학을 세워야 한다. 좌우명, 가훈, 기억하고 싶은 명언이나 고사성어, 오랫동안 기억하고 싶은 경전의 구절 등은 당신을 흔들리지 않게 해줄 것이다.

물론 앞만 보고 달려가면 지친다. 내가 좋아하는 것들을 하며 쉬기도 해야 한다. 시나 소설을 읽거나 음악을 감상하는 것도 방법이고, 맛있는 음식 먹기, 노래 부르기, 막춤 추기 등도 스트레스를 푸는 방법일 것이다. 여기까지 오느라 수고했다고 나를 위로할 사람은 나뿐이다. 속된 말로 '자뻑'이 위로가 될 수 있다. 나는 희노애락喜怒哀樂을 모두 느끼는 게 진짜 인생이 아닐까 했다. 누군가의 인생에는 기쁨과 즐거움이 많을 수도 있고, 누군가의 인생에는 슬픔과 고난이 많을 수도 있다. 그러나 어느 누구도 네 가지 감정 중에 두 가지만 겪고 사는 사람은 없다. 당신만의 경험은 남이 따라할 수 없는 개성이 될 것이다. 경험이 모여 내가 되고, 조금 더 나다움에 가까워진다.

이전에는 대량화, 대중화, 집단, 공유에 대한 경험이 중요했다면, 이제는 소량화, 개인화, 소수, 전유에 대한 경험이 중요하다. 빅데이터로도 분석할 수 없고, 예측과 상상이 불가한 영역에서의 경험, 4IR 시스템 기술을 운용해본 경험이 추가되면 좋다. 다시 한 번 말하지만, 아직은 4IR 도입기이다. 최신 스마트기기 사용 경험, 클라우드 서비스 이용과 정보 보안 기술에 대한 경험, 서버와 네트워크 장비 등 전문 하드웨어에 대한 경험 등도 좋다. 나만의 특화한 경험이 중요하다. 재직 분야에서 4IR 시스템과의 협업 내지 융복합 방식으로 진행한 프로젝트나 4IR 시스템 관련 전문가와의 협업 경험도 좋다. 새로운 시대를 대비하기 위한 이러한 경험은 당신에게 버팀목이 되어 줄 것이다.

조금은 안심할 만한 분야도 있다. 아직까지는 문화, 예술, 철학 등의 인문 분야와 사람을 대면하는 상담, 종교 활동 분야는 인간만이 담당하는 분야이다. 또한, 로봇을 투입하기에는 사업성이 낮은 분야도 사람만이 할 수 있는 분야로 남을 것이다. 사회 시스템을 총괄하는 지도자 분야도 안심할 수 있다.

이 외에 사람만이 할 수 있는 신분야로의 개척도 있다. 해피 사피엔스만이 추구하는 여가 활동에 대한 경험이다. 삶의 현장을 통과한 다양한 경험을 통해 당신만의 스토리를 만들기를 바라며, 다음 표를 작성해보자.

	나는 어떤 경험을 했는가?
1	
2	
3	
4	
5	
6	
7	
8	
9	
10	
11	
12	
13	
14	
15	
16	
17	
18	
19	
20	

· 나의 인생 계획 ·

① 나는 왜 존재한다고 생각하는가?

② 나는 앞으로 어떻게 살아야 한다고 생각하는가?

③ 나에게 코로나19와 4IR은 위기인가, 기회인가?

④ '신 개인과 행복을 찾아서'를 읽고 기억에 남는 부분은?

⑤ 나와 초인공지능이 경쟁한다면 이길 수 있을까?

⑥ 로봇과 함께 일하는 나를 상상해보자!

⑦ 나만의 중요한 경험에는 무엇이 있는가?

PART 3

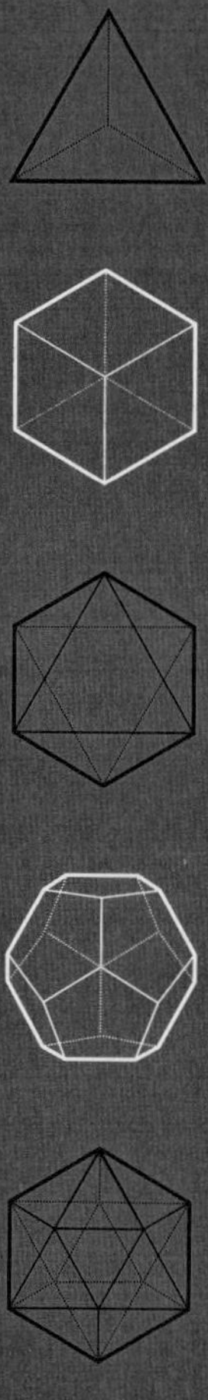

4차 산업혁명 시대에 인생이란?

인생은 고무줄 원리

'인간만사 새옹지마人間萬事 塞翁之馬'라고 하며, 유대인의 성경 주석인 《미드라시》에는 '이 또한 지나가리라'라는 유명한 말이 있다. 코로나19라는 복병은 많은 사람을 고통과 죽음의 위기로 몰아넣었다. 매일 나쁜 소식이 들렸다. 그래도 사람들은 모두 이 또한 지나가리라 믿으며 각자의 자리에서 버티기에 들어갔다. 끝까지 버티는 사람이 코로나19의 승자일 것이다. 국가는 경제를 살리기 위해 수단과 방법을 가리지 않고 있으며, 개인도 사회적 거리두기를 실천하며 온 힘을 다하고 있다. 나는 여기서 나만의 철학인 '인생은 고무줄 원리'를 말하고 싶다. '인생사 + - = 0'이라는 공식이다. 지금은 리스크가 높고, 마이너스인 시간을 보내고 있지만, 곧 힘든 시간을 보상받을 수 있는 플러스의 시간이 올 거라 믿는다.

4IR이 도래한다고 겁먹을 것 없다. 사람이 만들어가는 세상이고, 위기는 지나갈 것이며, 흙수저든 금수저든 모두가 겪어야 할 태풍이라는 점에서 '인생사 + - = 0'이다. 문제의 크기는 각자의 능력만큼 주어진 것이다. 《명심보감》의 계선 편에는 '공자가 말씀하시기를, 착한 일을 행하는 자에게는 하늘이 복으로써 화답하고, 착한 일을 행하지 않는 자에게는 하늘이 화로써 갚는다'라고 하였다. 고전은 불변의 진리이다. 도덕을 잘 세우고, 그 도덕을 바탕으로 사회 규범과 제도를 마련해 지킨다면, 개인으로서 그리고 사회의 구성원으로서의 행복한 생존이 가능하다. 또한, 아수라가 지배하는 세상이 되지 않기 위해서는, 현재를 살아가는 사람 모두 깨어 있어야 하며, 철학적 사유를 하고, 4IR 대비의 필요성에 공감해야 한다. 최대한 리스크를 줄이고, 파이를 키워야 한다.

《중용》에는 '하늘이 명한 것을 성性이라 하고, 성性을 따르는 것을 도道라 하며, 도道를 따르는 것을 교敎라 한다'라고 했다. 교육이 기본이 되어야 하늘에서 명령하는 순리대로 생존할 수 있다는 뜻이다. 코로나19 이후 많은 학교에서 온라인 수업을 강행했다. 그대로 우리는 따라야 한다. 교육을 잘 받아야 모두가 공정한 기회 속에서 4IR이라는 멋진 미래 사회로 진입할 수 있다.

예전에는 한 사람의 영웅이 존재하는 시대였다면, 다가오는 시대는 분야별 전문가와 인간을 위한 시스템이 존재해야 할 시대이다. 다가올 미래를 플러스로 만들 준비를 해야 한다. 이를 고무줄 원리에 대입했을 때, 핵심은 '탄성의 유지'이다. 탄성이 유지되려면 긍정적이어야 한다. 해피 사피엔스가 추구하는 생활양식은 삶의 균형, 즉 워라밸을 유지하며 행복한 삶을 누리는 것이다.

여기서 내가 생각하는 미래지향적 워라밸이란, 4IR을 대비하기 위해 나의 영역을 넓혀가는 진취적인 삶을 말한다. 마치 서퍼가 두려움 없이 거친 파도를 헤치고 즐기는 모습처럼, 일터와 삶의 영역 모두를 아울렀으면 한다. 4IR 시대를 긍정적이고 도전적인 자세로 맞이한다면, 인생은 탄성을 회복할 것이다. 이순신 장군은 '반드시 죽고자 하면 살고, 살고자 하면 죽을 것이다'라고 했다. 이러한 각오로 코로나19에 맞선다면, 반드시 극복할 수 있다. 자신을 긍정하고, 무한히 신뢰하면 고무줄 같은 탄성을 유지하며 위기를 헤쳐나갈 수 있을 것이다. 이 또한 지나가리라.

4차 산업혁명 시대는 매 순간이 갈림길

내가 서 있는 길, 이미 지나온 길, 앞으로 나아갈 길… 우리는 항상 인생에서 중요한 갈림길을 만난다. 그 갈림길에 서 있다 보면, 나에게 열린 길이 있고, 반쯤 열려 있는 길, 꽉 막힌 길도 있다. 그 길 앞에서 우리는 고민하고 선택하고, 후회한다.

나는 수능을 망치고 몇 군데의 대학과 학과를 놓고 고민했다. '해양전자과에 갈까? 앞으로 바다와 전자 분야가 대세일 거야. 아니야, 수학교육과가 좋을 것 같아. 나는 선생님에 대한 꿈이 있잖아? 토목공학과가 좋겠어. 우리나라에서 아직은 건설업이지. 나중에 멋있고 웅장한 건물을 짓는 거야!' 이런 고민을 하다가, 결국 중장비 관련 일을 하셨던 아버지의 영향으로 지방 국립대의 토목공학과를 선택했다. 4년 전액 장학금을 받을 수 있는 해양전자과를 포기하고 선택한 학교였다. 그러나 입대와 동시에 IMF가 터졌고, 제대 후에는 성적을 관리하지 못해 일정 부분 받던 장학금조차 받을 수 없었다.

IMF가 터졌다는 소식은 자대 배치 후에 간부에게 들었는데, 텔레비전은 음악 방송 시간에나 잠깐 틀 수 있어 IMF에 대한 상세한 소식은 알 수 없었다. 게다가 GOP에 투입되면서 사회와는 완전히 단절되고 말았다. 백암산 꼭대기에서 능선을 바라보며 많은 생각을 했다. 대학 선택에 대한 후회, 어린 동생과 홀로 계신 어머니에 대한 걱정에 괴로웠다. 제대 후 복학도 하지 않으려 할 만큼 지난날의 모든 선택이 후회되었다. 그러나 지난 시간에 미련을 가질 필요는 없었다. 지금 서 있는 곳에서 앞으로 가야 할 길을 바라보는 게 최선이었다.

4IR을 앞둔 시점, 우리는 무엇을 계획하고, 생각하며 살아야 할까? 생각한 대로 살 것인가, 사는 대로 생각할 것인가? 세상은 모든 면에서 빨라지고 있어 선택해야 할 시기도 빨라졌다. 게다가 100세 시대, 많은 변화를 오래 겪어야 한다. 계속 선택의 갈림길에 서게 된다. 《맹자》의 고자 편에 이르기를, '하늘에서 사람에게 큰일을 맡기려 할 때는 반드시 먼저 그 마음을 괴롭히고, 몸을 지치게 하고 육체를 굶주리게 하며, 생활을 궁핍하게 하여, 하는 일마다 어긋나고 틀어진다. 이것은 그 사람의 마음을 움직여 인내심을 기르고 어려운 일을 더 많이 할 수 있는 능력을 기르기 위함이다'라고 했다.

이스라엘의 역사적 인물 모세, 고대 그리스 철학자 아리스토텔레스, 영국의 총리 윈스터 처칠은 말더듬이었다. 그러나 그 장벽을 넘어 훌륭한 업적을 남겼다. 나도 어릴 때 심한 말더듬이었다. 4세까지도 '엄마, 아빠, 물, 응가'라는 말밖에 못 해서 부모님은 걱정이셨다. 말더듬은 어린 나이에도 인생의 숙제처럼 느껴졌고, 쉽게 극복되지 않았다. 내 말더듬은 옆집 친구를 따라 하다가 시작되었다는데, 천벌을 받았나보다 싶기에는 고통이 극심했다. 학창 시절에는 발표를 꺼렸고, 성인이 되어서는 사람을 만나기가 힘들었다. 지금 생각해보면, 자폐증 증상도 있었던 것 같다. 대학교 1학년 때, 하나님께 기도했다. "말더듬을 고쳐주시면, 주일 학교 교사로 봉사하겠습니다." 그런데 정말로, 주일 학교 교사로 봉사할 기회가 나에게 주어졌다. 물론, 그렇다고 말더듬이 고쳐지지는 않았다.

말더듬을 고친 건 군 생활을 하면서부터다. 신기한 일이었다. 군 생활이 체질이었거나, 하나님께서 내 기도를 들어주신 것 같았다. 전역 후, 다시 간헐적으로 말을 더듬었지만, 나름 노력하며 일상생활을 영위해 나갔다. 지금도 말을 더듬을 것 같으면, 엄지발가락에 힘을 주거나, 숨을 들이마시거나, 약간 리듬을 타거나, 발뒤꿈치를 드는 등 여러 방법으로 더듬지 않으려고 애쓰고 있다. 그리고 학창 시절의 대부분을 말더듬이로 보냈기에 내 속에는 하고 싶은 말들이 쌓여갔고, 결국 나는 말하는 직업을 갖게 되었다. IT 강사, 대학교 겸임 교수, 신문기자 모두 말이 필수인 직업이다. 아직도 많은 사람 앞에 서는 게 떨리고, 두렵다. 나의 말소리에는 특유의 높낮이와 리듬이 존재한다. 사투리 때문이 아니라, 말더듬을 완화하려는 과정에서 발생한 습관 같은 것이다. 나는 여전히 말더듬이 강사이고, 사람 앞에 서는 게 어려운 교수이다. 그러나 피할 수 없으면 즐겨야 한다. 우리는 모두 4IR 시대라는 거대한 태풍을 만날 것이며, 특히 현재 10~30대는 4IR 시대의 도입기와 초기 과도기를 맞는 세대이므로, 그 태풍의 위력을 실감하게 될 것이다. 포스트 코로나와 4IR 시대도 피할 수 없는 외길이다. '어떤 길을 갈 것인가'만큼 중요한 게 '어떻게 그 길을 걸어 갈 것인가'이다.

한겨울의 이른 새벽, 곱게 쌓인 눈길을 처음 내디딜 때의 설렘을 알 것이다. 《성경》의 욥기 23장 10절에는 '그러나 내가 가는 길을 그가 아시나니 그가 나를 단련하신 후에는 내가 순금 같이 되어 나오리라'라고 되어 있다. 인생의 길에서 당신은 행복을 누릴 수 있을 것인가? 인생을 하늘의 관점으로 바라보았을 때, 갈림길이란 밝은 미래로 가기 위한 전환점일까? 4IR 시대를 살아야 하는 우리는 조금 더 진취적이고 긍정적일 필요가 있다. 당연히 우리의 선택은 완벽하지 않다. 어떤 길을 가든 후회스러울 것이다. 그래서 주변에 좋은 사람과 종교가 필요하다. 모든 것이 운명이다. 그리고 하늘이 감동할 만큼 노력하면 운명도 바꿀 수 있다.

지금은 성실하게 살아도 성공하기 힘들고, 사람들은 이런 구조를 만들어 스스로를 가두어 버렸다. 그러나 다가올 4IR 시대는 하늘도 감동할 수 있는 세상이어야 한다. 4IR 사회에서도 웃고 싶을 때 마음껏 웃고, 울고 싶을 때 실컷 울 수 있어야 한다. 함께 기뻐하고, 함께 슬퍼하는 세상, 울어도 실패가 아닌 세상, 상대방을 이해하고 배려하는 세상을 꿈꿔본다. 모두의 마음을 모으면, 가능하리라 생각한다.

오늘도 우리는 삶의 갈림길에 놓여 있으며, 어떤 선택을 하던 후회할 것이다. 그러나 모든 것을 선택할 수 없기에 인생이다. 해피 사피엔스의 삶이 갈림길 너머로 가까이 왔다.

급변하는 세상,
나를 바꿔라!

세상을 바꾸었던 사람이 있다. 《대학》에는 고대 중국의 은나라를 건국한 탕왕에 대한 구절이 있다. '탕왕의 반명세숫대야에 새긴 좌우명에 이르기를 진실로 어느 날 새로워지려면, 나날이 새롭게 하고, 또 하루를 새롭게 하라'라는 구절이다. 탕왕은 그렇게 세수할 때마다 세숫대야에 새긴 글귀를 보고 마음을 새롭게 했다. 건국에 대한 마음가짐, 그 터닝포인트를 잊지 않기 위함일 것이다.

세상을 바꿀 수는 없어도, 나를 새롭게 하는 건 가능하다. 나를 새로이 하면 세상이 달라 보일 것이다. 《성경》의 요한복음 3장 3절에는 '예수께서 대답하여 이르시되, 진실로 진실로 네게 이르노니 사람이 거듭나지 아니하면 하나님의 나라를 볼 수 없느니라'라며 유대인 지도자 니고데모와 예수의 일화가 실려 있다. 여기에서 '거듭남'은 자신을 새로 태어난 것처럼 완전히 새 사람으로 변화시키는 것을 말한다. 천국에 이르기가 매우 어렵다는 것이 '거듭남'이라는 단어에 함축해 있다.

그렇다면, 어떻게 해야 나를 변화시킬 수 있을까? 나를 변화시킬 만한 무언가를 만났는가? 그 무언가에는 사람, 책, 영화, 철학, 종교, 경험 등이 있을 것이다. 나에게도 그런 경험이 있다. 군대 말년인 1999년 어느 날, 내무반 책꽂이에 있던 에리히 프롬의 《사랑의 기술》이라는 책을 보았다. 연애는 좋지만, 결혼에는 꽤 부정적이었던 나는 이 책을 읽고 생각이 바뀌었다. 그래서 전역 후, 연애를 시작하기로 마음먹고, 처음 만난 여성과 4년간 연애해 결혼했다. 이렇게 군 시절에 읽었던 책 한 권이 내 마음을 움직였고, 결혼을 통해 완전한 인생을 누리게 되었다.

내 인생 영화는 아담 샌들러 주연의 〈클릭〉이라는 코미디 영화이다. 나는 이 영화를 보고 한 여자의 남편으로서, 아이들의 아빠로서 많은 추억을 남겨야겠다고 다짐하고, 어려운 일도 즐거운 마음으로 매진하리라는 신념이 생겼다. 2000년에 개봉한 패트리샤 아퀘트 주연의 〈스티그마타〉도 인생 영화 중 하나이다. 보통의 인간에게 나타난 성흔에 대한 이야기로 토마스 복음서의 말씀에 큰 감명을 받았다. 즉, 얼마나 많이 접했느냐가 중요한 게 아니라, 나를 변화시킬 만한 무언가를 만났느냐가 중요하다.

나는 어른이 되면 무조건 이순신 장군처럼, 세종대왕처럼 위대한 업적을 남기는 사람이 되는 줄 알았다. 지렁이가 크면 뱀이 되는 줄 알았으니 놀라운 상상력이다! 자동으로 되는 건 없다. 사서라도 고생하면, 특수한 경력이 된다. 그리고 4IR 시대에 개인의 경험은 개인뿐 아니라, 기업과 국가에도 의미 있는 이익을 가져다준다.

나를 어떤 캐릭터로 만들고 싶은가? 내가 반할만한 내 모습을 그려보라. 존경, 사랑, 건강, 유머, 힘, 지혜, 지식, 노련함, 용기, 도전, 유연함, 능력, 아름다움, 명예, 성실, 신뢰 등의 키워드를 적어, 내가 되고 싶은 캐릭터를 설정해보라. 키워드가 구체화하면 버킷리스트가 되고, 인생의 목표가 되면 원하는 모습에 가까워질 것이다. 그리고 나의 신념과 가치관에 따라 노력하다보면, 그 캐릭터는 진정한 내가 될 것이다.

나를 한계선까지 몰아붙여라. 나를 과소평가하지 말고, 자신과 신을 믿어라. 그 길이 틀렸다면 되돌아가면 되고, 그 길이 옳았다면 편히 지날 것이다. 활동 영역을 넓히기 위해 부지런히 도전해야 한다.

전문가들은 코로나19를 터닝포인트 또는 티핑포인트라고 한다. 터닝포인트가 부드러운 변화를 뜻한다면, 티핑포인트는 급변점, 폭발점에 해당하는 매우 급진적인 변화를 뜻한다. 그러나 나는 지금을 캡스톤 포인트로 정의하고 싶다. 근본적인 제어가 가능하고, 인류 사회의 최첨단의 기술의 결과물을 의미하는 '캡스톤'이라는 말을 사용함으로써, 진취적이고 긍정적인 의미를 부여한 것이다. 또한, 4IR 시대의 피라미드 꼭대기에서 천하에 천둥처럼 선포하는 폭발력이라는 의미도

내포한다. 즉, 나는 코로나19를 인류가 4IR의 최첨단 사회로 진입하기 위한 최고 정점이라 생각한다.

그리고 개인은 그 안에서 망망대해를 뚫고 파도를 즐기는 서퍼와 같기를 바란다. 해피 사피엔스는 큰 파도에 도전할수록 행복을 맛볼 수 있다.

신가정과
행복을 찾아서

해피 사피엔스가 추구하는 신가정은 어떤 모습일까? 아마 부모와 자녀가 한 지붕 아래 모이는 전통적인 형태는 아닐 것이다. 독신 가정, 노인 인구의 증가로 1인 가구가 많아지고, 결혼제도도 유연한 형태로 변하고 있다. 국가가 결혼과 자녀 양육에 대한 서비스를 지원하고 있지만, 이 또한 사람들이 추구하는 가치관과 달라 무용지물인 실정이다.

신가정의 가족 구성원은 1인 또는 2인이 주축을 이루며, 자녀를 양육하는 가정도 자녀가 성인이 될 때까지만 3인이나 4인 가정을 유지할 것이다. 그리고 개인의 자유와 독립을 보장하면서, 합리적인 통제가 가능하고, 비대면 방식의 소통이 일상화하면서, 해피 사피엔스의 신가정은 휴먼 로봇이 집안일을 담당하고, 인간은 취미 활동이나 콘텐츠 창작 활동, 비대면 인적 네트워크 활동을 하게 될 것이다. 또한, 집이라는 공간은 재택근무로 인해 일하는 공간으로도 확장될 예정이다. 한 공간이 업무 영역과 사생활의 영역으로 나뉘는 것이다.

그러나 휴먼 로봇의 등장이 윤리적 문제와 인류 존재에 위협이 되리라는 예상도 가능하다. 어쩌면 인간은 유전자 가위로 설계되어, 인공 자궁과 인큐베이터에서 자라, 유모 역할을 하는 휴먼 로봇의 손에 키워질 수도 있다. 이러한 가정이 현실이 되면, 전통적이고도 기본적인 가정의 가치와 부모와 자녀 간의 유대감이 사라질 것이다. 즉, 4IR 시대의 해피 사이언스는 가정을 통해 진정한 사랑과 행복을 느낄 수 없다는 말이다.

4IR 시대라고 해서 휴먼 로봇과 인간의 결혼이 법적으로 인정되어서는 안 된다. 인류 존재의 핵심은 가정이다. 가정의 형태는 다양해지겠지만, 사랑을 주고받으며 인간적 유대감을 쌓는 행복을 놓아서는 안 된다. 앞으로 어떤 형태의 가정이 나타날지, 사회에서 가장 합리적인 가정의 구조는 무엇인지는 누구도 모른다. 다만, 해피 사피엔스가 추구하는 '사람 중심 자본주의' 사회에서 이상적인 가정을 이루어, 인간적인 행복을 지키기 위해 진취적으로 움직여야한다. 인류 생존의 최소 단위가 가정이라는 것은 변함이 없다. 《대학》에 '먼저 스스로 몸과 마음을 닦아 수양하고, 그다음은 가정을 가지런하게 하며, 마지막 단계로 나라를 다스리고 천하를 평정한다'라고 하지 않는가. 천하를 다

스리기 위한 기본이 나와 가정이라는 것이다.

나를 갈고 닦으며, 가정을 정돈하고, 국가와 사회를 위해 무엇을 해야 할지 생각한다면 행복한 미래 사회를 만들 수 있다.

신 직장과 행복을 찾아서

4IR 시대에는 비대면 문화에 적응하고, 신기술을 도입한 직종만 살아남을 것이다. 그리고 신 용어가 더 자주 등장할 것이다. 현재 쓰는 비대면이라는 뜻의 '언택트Untact'라는 용어도, '온택트Ontact'라는 용어로 업그레이드되어, 온라인을 통해 사회의 다양한 활동을 하는 방식을 뜻하는 말로 사용되고 있다.

신직종의 50%는 우리가 지금껏 보지 못한 분야일 것이다. 4IR 시대의 도입기와 과도기까지는 전통적인 직장 형태의 일자리가 유지되겠지만, 그래도 거대한 변화의 바람을 거스를 수는 없다. 특히, 인류 스스로 만든 시스템에 의해 합리주의, 성과주의 중심의 '감시 자본주의' 체제가 계속된다면, 인류는 파멸할 것이며, 그 파멸의 시작은 직장이 될 것이다. 대다수가 직장에 의지해 경제 활동을 하고 있기 때문이다. 일자리가 사라지는 소용돌이 속에서 누군가는 일어서지 못하고, 누군가는 끝까지 살아남을 것이다. 이런 차이는 그간 변화에 대비해왔는가, 아닌가에 따라 결정된다.

생계를 꾸려나갈 수 없으면 개인과 가정이 무너지고, 사회적 혼란이 가속화된다. 신 직장에서 해피 사피엔스의 삶을 누리기 위해서는 전략과 적극적 노력이 필요하다. 행복의 파랑새가 직장으로 찾아오게끔 해야 한다.

앞으로 업무의 대부분이 재택근무 형태로 변화하고, 기업은 재택근무를 통해 성과를 낼 수 있는 직원을 채용할 것이다. 즉, 해피 사피엔스에게는 고급 기술 전문가로서의 역할, 4IR 시스템과의 협업자로서의 역할 등 다양한 멀티플레이 능력이 요구된다. 그렇다면 이러한 능력을 계발하지 못한 사람은 어떻게 될까? 이 부분에 대해서는 사회적 합의가 필요하다. 직장을 잃은 사람이 직장을 얻은 사람보다 훨씬 많을 것이기 때문이다.

결국 해피 사피엔스가 원하는 일자리는 늘리고, 기피하는 일자리는 줄이는 게 옳다. 그리고 우리는 원하는 직장에서 일할 기회를 얻어야 한다. 인간이 기피하는 일은 휴먼 로봇이 하면 된다.

물론, 갑자기 전통적인 직종이 사라지는 건 아니다. 4IR 과도기까지, 또는 그 이후까지는 4차 산업과 공존할 것이다. 그럼에도 불구하고,

당신이 지금 하는 일은 서서히 사라지거나, 갑자기 사라지는 일일 수 있다. 변화의 소용돌이 속에서 4IR 시대의 고급 기술 전문가로 살지, 아무도 가보지 않은 새로운 길을 개척해야 할지 선택해야 한다.

우리 해피 사피엔스는 '사람 중심 자본주의' 사회로의 신 직장 문화를 형성해야 한다. 이 책을 끝까지 읽어 보면서 천천히 생각을 정리하다 보면, 자연스럽게 미래를 준비할 수 있을 것이다.

사이보그의 삶도 인생이다

4IR 시대에는 생명 과학이 고도로 발달하여, 사이보그로 사는 해피 사피엔스가 많아질 것이다. 그리고 100세 이상을 살게 된다면, 인간은 삶과 죽음을 선택하게 될 것이다.

진시황이 불로장생을 꿈꾸었듯이, 사실 장수는 인간의 오랜 바람이었다. 100세 시대인 요즘, 헬스 케어가 주목받는 것은 어쩌면 당연한 일인 것이다. 인간은 이제 질병 치료를 넘어, 질병 예방과 노화 방지에 관심을 확대하고 있으며, 다이어트와 미용 시술에 대한 관심도 높다.

요즘은 동안과 복근이 인간의 건강을 나타내는 지표가 되었다. 나도 30대 중반까지는 뱃살이 없었는데, 늦게까지 일하고 야식을 즐기면서 복부 비만이 되었다. 이제는 건강을 위해서라도 체중을 관리해야겠다는 생각이 든다. 또 운동과 식이 조절로 체중을 관리해볼까 싶지만, 실패하면 의학 기술에 의존해도 좋을 것 같다. 가까운 미래에는 뱃살을 조절할 수 있는 의료용 나노 로봇이나 의약품이 개발되지 않을까? 의료용 나노 로봇이 뱃살 관리와 질병 체크를 위해 몸속에 상주하게 된다면, 사이보그의 삶을 산다고 볼 수 있지 않을까?

신체의 일부분을 기계로 대체한 사이보그의 삶은 진행 중이다. 뼈나 척추, 관절은 인공물로 대체한 지 오래며, 성형에도 인공물이 사용된다. 앞으로 다가올 4IR 시대에는 어느 정도까지 인간의 신체를 대신할 인공물이 생겨날까? 사이보그 형태까지 발전한다면, 이를 해피 사피엔스의 삶으로 볼 수도 있는 걸까? 어떤 인간의 기억을 모두 백업받은 사이보그를 상상해보자. 그 사이보그에게 영혼은 존재하는가?

강화한 사이보그 기술은 인간의 가치관에 변화를 가져올 것이다. 사람다움이 무엇인지, 인생이란 무엇인지에 대한 철학적 질문에 나름의 답을 찾고, 공론을 통한 사회적 합의가 있어야 혼란을 줄일 수 있다. 강화한 사이보그가 갖는 철학은 어디에서 왔는가? 우리는 사이보그의 삶도 인생이라고 판별하거나 판정할 수 있는 제도와, 제도를 운용할 사람이 필요하다. 그 역할을 누가 맡을 것인가? 정치인, 고위 공무원, 신망 받는 종교 지도자가 해야 할까? 유명한 철학자가 해야 할까? 학문적 성과를 낸 과학자가 해야 할까? 우리가 가까운 미래에 토론해야 할 주제이다.

인류의 생존을 위해 합리적이고 아름다운 결과가 도출되길 바란다. 여론을 형성하기 위해서는 모두 기본 소양을 갖춰야 한다. 철학적 질문에 대해 충분히 고민하고 답을 찾아야 한다. 코로나 시기에 먹고 살기도 힘든데 이런 고민까지 해야 할까 싶지만, 빠르면 우리 자녀 세대에 겪어야 할 문제임에는 틀림없다.

4차 산업혁명 시대의 신 인생관

4IR 시대에 빠르게 적응하며, 변화를 받아들이는 사람과 기존 시스템을 고수하고자 하는 사람들의 인생관은 대치한다. 그러나 양쪽 진영 모두 행복을 추구하기 위한 공통분모는 있다. 4IR 시대를 살아가는 해피 사피엔스는 생존에 대한 절박함으로 삶을 진지하게 마주하고, 고대 사상가와 같은 깊이 있는 성찰을 하게 될 것이다. 이미 재택근무와 온라인 수업 등을 경험하며, 변화의 필요성을 느끼거나 공부의 목적을 다시 생각해본 사람도 있을 것이다. 또한, 4IR 시대의 소용돌이 속에서 행복한 생존을 위한 자기 계발은 하나의 트렌드가 되었다. 유치원생부터 대학생까지, 직장인부터 퇴직자까지, 영세 자영업자에서 대기업 CEO까지 모두 자기 계발에 동참하고 있다. 이는 변화를 주도하느냐, 변화에 따라가느냐, 변화에서 낙오하느냐, 변화를 저지

하느냐 다양한 결과를 낳고, 가치관에 따른 대처 방식은 개인의 사회적 지위와 역량에 따를 것이다. 해피 사피엔스는 성과주의, 합리주의, 적정주의 등 다양한 가치관 중 무엇이 나에게 가장 적정한지 알고, 중심을 잡아야 한다.

그렇다면 누가 그 기준을 세우는가? 그 기준은 해피 사피엔스 모두가 참여한 형태로, 전문가와 합의해 완성해야 한다. 소외된 사람 없이 모두의 행복한 생존을 위해 꼭 필요한 절차이다.

해피 사피엔스는 건강하게 오래 사는 것도 행복이다. 다양한 헬스케어 산업과 미용 시술이 유행하는 이유이다. 불로장생 중 불로에 해당한다. 그리고 100세 시대라는 말이야말로 현대 사회를 가장 잘 나타내는 말이다. 향후 소생을 꿈꾸며 냉동 인간을 선택하는 사람도 있다. 장생에 해당한다. 삶과 수명에 대한 현대인들의 다양한 선택은 다양한 인생관을 대변한다. 4IR 시대의 의학 기술은 인공지능과 접목되어 사람들의 건강과 기대 수명을 채워주는 융복합 기술의 선두 주자가 될 것이다. 또한, 전염병의 장기적 유행은 전염병의 일상화를 가져온다. 비대면 방식의 의학 진단 및 진료 기술에 대한 니즈가 강화될 것이며, 챗봇을 활용한 진료도 일상화될 것이다.

물론, 행복하게 사는 것과 오래 사는 것의 연관성을 찾지 못하는 사람도 있고, 생을 어떻게 마감할지를 고민하는 사람도 있을 것이다. 또한, 최첨단 의료 기술과 생명 공학 기술의 발전이 윤리와 규범에 상충하는 문제도 있다. 4IR 시대의 신 인생관에 대한 논의가 필요한 이유이다.

극단적인 개인화와 차별이 생기지 않도록 노력해야 한다. 이기적인 사회에서는 누구도 행복할 수 없다. 너와 내가 함께하는 신 인생관을 통해 기적 같은 4IR 사회를 만들어야 한다.

• 나만의 생각 정리하기 •

① '인생은 고무줄 원리'에 동의하는가?

② 내 인생의 터닝포인트는 무엇이었는가?

③ 급변하는 세상에 살아남기 위해, 나의 어떤 부분이 변화해야 하는가?

④ '신가정과 행복을 찾아서'를 읽고 기억에 남는 부분은?

⑤ '신 직장과 행복을 찾아서'를 읽고 기억에 남는 부분은?

⑥ '사이보그의 삶도 인생이다'라는 말에 동의하는가?

⑦ 4IR 시대, 나의 신 인생관은?

PART 4

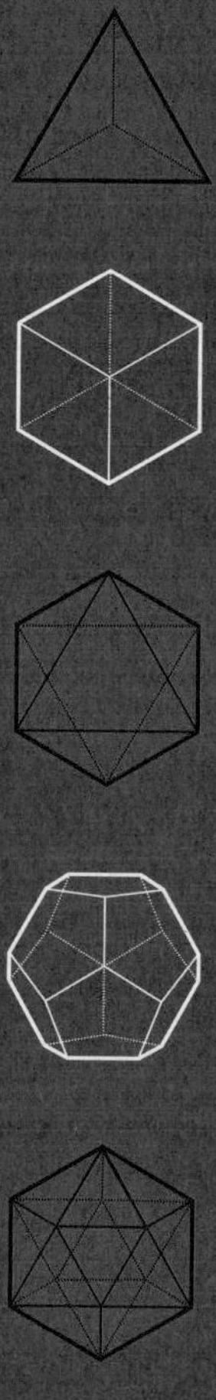

4차 산업혁명 시대에 남겨야 할 것들

4차 산업혁명 시대의 인생 발자취

호랑이는 죽어서 가죽을 남기고, 인간은 죽어서 이름을 남긴다. 즉, 모든 생물은 필연적으로 죽음을 맞이하며, 무언가를 남겨야 한다. 과학자는 후손에게 흙으로 산화한 물질과 DNA를 남긴다고 이야기할 것이며, IT 전문가는 후손에게 데이터를 남긴다고 이야기할 수도 있겠다. 그러면 보통의 인간은 무엇을 남겨야 하는가?

사람들은 '대학은 어디를 갔는지, 어디에 취업했는지, 돈을 얼마나 버는지, 취미가 무엇인지' 등을 묻는다. 아무도 '네 인생에서 무엇을 남길 것인지'를 묻지 않는다. 그러나 존재에 대한 가장 근본적인 질문은 '4IR 시대를 살아갈 우리는 무엇을 남길 것인가?'이다. 나는 직업과 성과물, 결혼과 가정, 자녀와 양육, 사회와 봉사, 기술과 자격 및 특허, 창작과 저작물, 교육과 후학 양성 등 다양한 나만의 발자취를 남기고 있다. 자유 의지를 갖고 생각한 대로 살아가려고 노력하며, 신이 감동하고 우공이 산을 옮긴 역사만큼은 아니지만, 그래도 열심히 하고 있다. 그리고 누가 알겠는가? 나의 노력이 우주의 에너지에 작은 파동을 일으켰을지.

요즘 아이들의 희망 직업란에는 유튜브 크리에이터가 상위권을 차지한다. 유튜브 크리에이터는 4IR의 핵심에 있는, 반드시 흔적을 남기는 직업이다. 다양한 분야의 의미 있는 내용을 자신만의 관점과 방법으로 콘텐츠로 만들어 남긴다. 콘텐츠 산업이야말로 미래 사회에서 환경 오염 걱정 없는 핵심 산업이 될 것이다. 콘텐츠는 다양한 분야에서 다양한 형태로 존재한다. 예술 작품이나 예술 행위의 형태일 수 있고, 영상 형태일 수도 있다. 스포츠라면 기록이라는 형태로 나타날 것이다. 그리고 이런 다양한 콘텐츠는 데이터가 된다. 즉, 4IR 시대의 인생의 발자취는 데이터로 남는다고 볼 수 있다.

그런데 데이터는 의도치 않게도 남는다. 기업에서는 데이터화된 고객의 정보를 수집하고 분석해 마케팅에 활용하고, 포털은 사람들의 검색어나 클릭한 횟수를 내림차순해 인기 키워드를 상위에 노출한다. 유튜브나 넷플릭스는 자체 개발한 알고리즘으로, 서비스를 이용하는 사람들의 취향을 분석해 콘텐츠를 추천하며, 쇼핑몰은 이용자가 검색한 키워드나 장바구니를 분석해 맞춤별 상품 배너를 노출한다. 그리고 카드사는 고객의 상품 구입 품목, 횟수, 시기, 거래 금액, 구매 패턴, 카드 사용 범위를 분석해 상품 개발과 판매 전략을 세우며, 국가는 여론 조사와 SNS, 뉴스 댓글을 분석해 새로운 정책을 세우고, 세부 방안을 마련한다. 이렇게 우리는 의도치 않게 수많은 데이터를 세상에 남긴다. 그러나 이런 데이터는 기업에게나 필요하지, 개인에게는 불필요하다. 개인이 남겨야 할 데이터란, 많은 사람에게 유익함과 행복함을 주는 유의미한 데이터뿐이다. 얼마나 내 삶을 풍요롭게 하고, 얼마나 많은 사람에게 지지 받았는지가 중요하다.

'내 발자국이 더 크다, 내 발자국이 더 예쁘다, 내 발자국이 더 깊다, 내 발자국이 더 깔끔하다'와 같은 소모적인 논쟁은 의미가 없다. 공정하게 경쟁하고, 이끌어주고, 박수쳐주는 세상이 아름답다. 행복한 상생을 위해 우리는 어떤 발자취를 남길지 고민하자.

삶의 향기로 행복을 채워라

퇴계 이황은 '술 향기는 백 리를 가고, 꽃향기는 천 리를 가며, 사람의 향기는 만 리를 간다'라고 했다. 만 리면 약 4,000km로 이웃 나라까지 전파되는 거리이다. 향기를 소문, 영향력으로 해석하면 무난하게 이해할 수 있다. 요즘에는 뉴스와 SNS를 통해 정보가 신속하게 전파된다. 그러므로 우리는 가짜 뉴스가 아닌, 의미 있는 정보를 공유해야 한다. 이미 마케팅 분야에서는 단순 소비를 넘어 창조적 소비활동을 하는 '크리슈머Cresumer'가 대세이다.

나는 삶의 향기를 사람의 아름다운 영향으로 해석했다. 영향이란 사전적 의미로 '어떤 사물의 효과나 작용이 다른 것에 미치는 일'이다. 여기서 쓰는 한자어 향響은 '울리다, 진동하다'라는 의미가 있으므로, 나는 사람의 영향력을 '사람의 마음을 진동시키는 힘'이라고 생각한다. 사람의 좋은 향기는 마음에 긍정적인 진동을 일으켜, 좋은 변화를 준다. 살다보면, 가까이할수록 악취가 나는 사람도 있고, 가까이할수록 좋은 향기가 나는 사람이 있다. 몇 년 전 프랑스의 발명가 크리스티앙 포인슈발이 방귀 냄새를 향기롭게 만드는 약을 발명했다는 기사를 보았다. '루틴 말린'이라는 약으로, 먹으면 소화가 잘 되고, 방귀에서 장미 향, 제비꽃 향, 초콜릿 향이 난다고 한다. 우리에게도 루틴 말린이 필요한 건 아닐까? 나는 어떤 삶의 향기를 풍기는 사람일까?

소중한 사람에게 좋은 향기를 내는 사람이고 싶다. 가족, 지인들에게 좋은 향기를 내뿜는 사람은 멋진 인생을 살고 있다고 봐도 좋다. 사람에게 나는 좋은 향은, 향수로는 낼 수 없는 진한 삶의 향기이다. 삶의 철학에 의한 우선순위와 열정, 이성과 심리적, 실천적 작용에 의해 고유의 향기가 만들어질 것이다.

내가 생각하는 최고의 강사는 제자의 공부 열정을 적절하게 불러일으켜 청출어람 하게 하는 사람이다. 제자를 향한 진정성과 열정, 특별한 교수법이 있어야만 가능하다. 이런 진정성과 열정이야말로 강사가 가진 삶의 향기라고 생각한다. 이런 강사를 만난 사람은 행운아이다. 서로가 행복한 일이다. 좋은 영향력을 끼쳐 모두가 행복할 수 있어야 한다.

부동산보다
나에게 투자하라

나는 '가장 늦었다고 생각할 때가 그래도 빠른 편이다'라고 생각한다. '그래도'라는 부사를 붙여 늦어버린 상황을 적극적으로 변명하며, 상황을 긍정적으로 해석하려고 한다. 그리고 나는 이 인생 모토를 잘 지키는 편이라 40세에 대학원 공부를 시작했다. 큰아들이 고등학교 3학년이 되기 전에 박사 학위를 받는 것이 목표인데, 하나님이 도우시면 가능할 것도 같다. 아무튼 나는 나에게 꾸준히 투자한다. 4IR 시대, 우리가 부동산 투자보다 자신에게 투자해야 할 이유는 무엇일까?

부동산 투기가 통한다면, 4IR 시대는 오지 않은 것이다. 부동산 열풍이 존재하는 사회는 덜 성숙한 사회이고, 4IR 시대에도 부동산

재테크가 통한다면 그건 방향 설정이 잘못된 것이다. 4IR 시대에는 많은 사람이 특정 장소에 군집해 무언가를 주장하는 일은 통하지 않는다.

4IR 시대에는 넓은 토지와 거대한 건축물보다 실용적인 건축물이 유행할 것이다. 초고령화로 인해 합리적이고 효율적인 시스템이 구축되며, 사유 재산의 확대보다는 필수 사유 재산 정도만 인정되고, 대형 토지와 대형 건축물은 공유 재산의 개념으로 바뀔 것이다. 4IR 도입기 초기에는 중국이 제도적으로 유리할 수 있겠다. 그러나 향후 4IR 안정기로 들어서면 너무 넓은 땅과 56개의 다양한 민족의 구성은 불리한 조건이다. 반대로 우리나라는 유리한 입지에 서게 된다. IT 기술력과 첨단 기술력, 정보통신기술 인프라, IT 고급 인력의 양성, 높은 교육열, 자유 시장경제 체제의 민주공화국, 적정한 크기의 국토와 인구 등 매우 유리한 조건을 갖추고 있기 때문이다. 통일이 된다면 더욱 유리할 것이다.

4IR 시대의 건축물은 4IR 자동 건설 시스템인 모듈 방식을 이용한 조립식 주택이나 초대형 3D 프린터로 구축한 건물이 유행하고, 공중 부양 기술의 발달로 인하여 토지보다 상공 사용권에 대한 권리가 중요해질 것이다. 교통 또한 드론 운행에 대한 상공 이동 교통법이 새로 만들어질 것이다. 다소 허황되게 들리겠지만, 실제로 국토교통부는 2025년까지 드론 택시를 상용화할 계획이며, 2020년 6월에는 도심

항공교통UAM을 추진하기 위한 민관협의체가 출범했다. 특히, 드론 택시 개발은 많은 나라가 사업을 선점하기 위해 각축을 벌이고 있기까지 하다.

우리나라는 하루빨리 부동산의 거품에서 벗어나야 한다. 그래야 4IR 시대의 밝은 미래를 그릴 수 있다. 더 나은 미래를 위해 부동산이 아닌, 자신에게 투자하는 게 현실적인 이유이다. 나에게 투자하기 위해서는 목표가 명확해야 한다. 그래야 단기간에 최대의 효과를 볼 수 있다. 목표를 정했다면 일간, 주간, 월간, 연간 단위로 꼼꼼히 스케줄을 관리하자. 목표를 세우는 게 어렵다면, 지금 당장이라도 할 수 있는 아주 작은 목표부터 세워도 좋다. 그리고 장기적 안목으로 입체감 있는 틀을 짜자. 입체감 있는 틀이란, 어느 한 단면만 보는 게 아니라 다양한 측면을 보고 인생을 계획하라는 뜻이다. 계획했다면, 목표를 향해 꾸준히 나아가라. 목표가 확실하고, 목표를 향한 방향이 정확하며, 하고자 하는 열정이 지속한다면, 해낼 수 있다. 속도도 중요하지만, 더 중요한 것은 집념과 끈기이다. 한마디로 결과물이 나올 때까지, 버티면 된다.

결혼은 최대한 빨리하라! 혼자 달리면 편하지만, 동반자와 함께 달리면 즐겁고 안정적이다. 나는 개인적으로 모든 준비를 완벽하게 마치고 결혼하기보다, 좋은 사람을 만나면 적당히 준비된 상태로 빨리 결혼하는 게 좋다고 본다. 달려가며 미운 정이 태산 같이 쌓이겠지만, 그것도 인생이다. 자녀는 아들딸 구분 없이 두 명 이상은 낳는 게 아이와 부모에게 좋다. 더 열심히 살게 되고, 자녀를 키우며 느끼는 즐거움과 행복을 배로 맛볼 수 있다.

돈은 많이 버는 것보다 적재적소에 쓰는 게 중요하다! 결혼, 사업, 배움, 여행 등 우리에게는 각자 목돈을 쓸 일이 많다. 그리고 책을 구입하고, 교육을 받고, 운동하는 비용은 아끼지 않았으면 한다. 투자 대비 회수율과 만족도가 높은 지출이다.

규칙적으로 생활하라! 건강과 스케줄 관리를 위해 꼭 필요하다. 수면의 양과 질을 일정하게 하고, 생활 패턴에 맞는 생체 리듬을 구축해야 한다. 24시간이라는 시간은 모든 사람에게 공평하게 주어지지만, 이를 효과적으로, 낭비 없이 쓰는 건 각자의 몫이다. 특히, 자투리 시간을 잘 활용하면 많은 일을 할 수 있다. 시간을 저축하듯 써야 한다.

변화의 흐름을 파악하며 사회생활을 하라! 급변하는 4IR 시대에는 트렌드를 놓치면 안 된다. 업계 동향을 다룬 매체와 업계 커뮤니티를 활용해 최신 정보를 얻고, 나만의 기술로 트렌드에 적합한 아이템을 만들어야 한다. 머릿속으로 생각하고 계획했다면 반드시 실행하라. 실패할지라도 경험은 남는다. 4IR 시대에는 실천을 통한 실패와 성공 경험이 경쟁력이다.

4IR 시대에도 술과 담배는 가급적 끊는 것을 추천한다! 술과 담배는 실수를 유발하고, 쓸모없는 지출을 만들고, 건강에 나쁘다. 옛날에는 술과 담배를 하는 게 사회생활에 도움이 되었을지 몰라도, 미래에

는 그렇지 않다. 나도 흡연자였고, 술도 마셨다. 그러나 담배는 군대를 전역하며 끊었고, 술은 아이를 낳고 끊었다. 완전히 끊으니 상쾌하다. 그리고 나에게 투자하는 것은 곧 자녀에게 투자하는 것과 같은 효과가 있다. 부모인 내가 자녀에게 모범을 보임으로써, 친구 같은 부모가 되고, 롤 모델이 되어줄 수 있다.

좋은 사람과 관계를 맺어라! 그러면 나도 좋은 사람이 된다. 최대한 좋은 생각과 좋은 말을 하고, 남의 단점보다 장점을 파악하자. 긍정적인 생활 태도는 삶을 좋은 방향으로 이끈다. 게임 속 캐릭터를 키우는 것보다 현실을 사는 진짜 캐릭터인 자신을 성장시키는 게 훨씬 재미있고, 합리적이다.

우리는 내 삶을 디자인하는 디자이너이자, 내 삶을 경영하는 CEO이다. 개인이 좋은 삶을 위해 노력하다 보면, 꽤 멋진 4IR 시대를 맞이하게 될 것이다. 좋은 사람만 사니까 말이다.

나만의 성과물을 만들어라

4IR의 도입기인 지금은 다품종 소량 생산의 가치가 높으며, 나아가 개인 맞춤별 대량 생산으로까지 확대할 예정이다. 개인 맞춤형 서비스의 증가, 하나의 기업 또는 단 한 명의 고객을 위한 커스터마이징Customizing에 대한 니즈의 확대가 이를 예고한다. 점차 세상에 하나뿐인 무언가에 대한 가치가 높다고 볼 수 있다. 기업의 입장에서는 고객에게 특화된 서비스를 제공할 수 있는 능력이 필요하다.

그리고 기업은 무인화, 자동화 열풍으로 1인 기업의 형태로 나아갈 것이며, 1인 기업의 경쟁력은 나만의 성과물에 있을 것이다. 즉, 우리는 고객에게 특화된 나만의 서비스를 만들어야 한다. 앞으로 고객은 3D 프린터를 이용해 각자의 취향대로 제품을 만들어 사용할 것이다. 현재 3D 프린터는 시제품 제작에 주로 쓰이지만, 사실 4D 프린터

기술의 단계까지 진화한 모양새이다. 인쇄 기술이 발명된 이후, 업무용 프린터와 복사기가 출현하고, 가정용 프린터와 복합기가 출현했다. 3D·4D 프린터의 대중화도 금방이다. 대중화한 3D·4D 프린터 활용 능력은 설계 기술과 창의력에서 나온다. 마찬가지로 캐드 소프트웨어도 몇 년 안으로 대중화할 것이다.

컴퓨터가 나온 지 얼마 안 되었을 때는 워드, 파워포인트, 엑셀과 같은 문서를 다룰 줄 아는 인력이 귀한 대접을 받았다. 그러나 이제 이런 능력은 기본이 되어버린 지 오래다. 대학을 졸업하려면 학점 취득 외에 토익 점수, 컴퓨터 분야 자격증 취득이 기본인 경우도 많다. 모두 졸업생의 취업률을 높이고, 학교의 경쟁력을 높이기 위함이다.

이런 사례처럼 3D 프린터와 드론에 대해 공부해 두었으면 한다. 3D 프린터를 다루기 위해서는 캐드 소프트웨어의 2D와 3D까지 다룰 수 있어야 한다. 또, 드론은 크게 드론을 직접 조정하고 운용하는 분야와 드론을 제작, 수리, 업데이트하는 분야로 나뉜다. 특히, 드론 전용 소프트웨어 분야는 소프트웨어 개발이나 소프트웨어를 활용한 개별 코딩까지 그 범위가 넓다.

지금은 유튜브에 열광하는 시대지만, 사라져 버린 많은 IT 콘텐츠처럼 유튜브도 그러할지 모른다. 트렌드의 변화에 따라가지 못하면 도태되는 것이 마땅하다. 유튜브를 뛰어넘는 놀라운 서비스가 제공되면, 해피 사피엔스는 열광할 것이다. 그래서 유튜브도 서비스와 기술을 상시 업데이트 중이다.

이제 새로운 플랫폼이 나올 차례다. 그리고 당신이 그 플랫폼을 만들 수도 있다. 나만의 아이디어, 나만이 구현할 수 있는 무언가를 찾아라. 보물은 멀리 있지 않다. 나만의 생각을 구현해 무언가를 발생하게 하는 사람을 '제너레이터 사피엔스'라고 부르고 싶다. '발생시키는 사람'과 호모 사피엔스의 합성어로 '발생시키는 인류'라는 뜻이다. 크리에이터라고 명명하지 않은 이유는, 창조는 신의 영역이고 우리는 기존의 문화와 역사, 자연에서 발견 내지 재발견하여 새로운 형태로 발굴하기 때문이다. 그래서 결국 미래 인류는 '해피 제너레이터 사피엔스'라고 최종 명명하고 싶다. 줄여서, '해피 제너레이터'로 부르겠다.

3D 프린터가 대중화하면, 해피 제너레이터는 개인이 새로운 것을 생산하는, 개인 생산 문명 시대를 열게 된다. 이들은 나만의 성과물을 만들고, 그 과정을 통해 몰입의 행복과 성취감을 맛보게 될 것이다. 사람 중심 자본주의 사회를 꿈꾸는 해피 제너레이터의 시대이자, 프랑스의 조각가 오귀스트 로댕의 작품 '생각하는 사람'이 미래 인류의 모습일 것이다.

나만의 성과물이 반드시 디지털 형태일 필요는 없다. 전통적 방식, 아날로그적 방식의 결과물도 좋다. 그러나 이를 디지털 방식으로 전환할 수 있으면 더 좋다. 더 나은 수익 구조를 만들 수 있기 때문이다. 물론, 아날로그와 디지털을 혼합한 하이브리드 방식을 사용할 수도 있다.

그렇다면 당신은 인생을 살아가면서, 어떤 성과물을 만들 것인가? 일단 당신이 좋아하는 것과 잘하는 것을 구분하자. 이왕이면, 좋아하면서 잘한다고 인정받는 일이면 더 좋다. 잘하지만 좋아하지 않는 일이라면 타인을 위해 헌신한다는 생각으로, 좋아하지만 못 하는 일이라면 배워서 성과물을 만드는 것도 방법이다. 여기서 잠깐, 좋아하는 것과 잘하는 것을 구분하는 방법을 소개하겠다. 간단하다. 만약, 당신이 노래를 좋아하는 사람인데, 노래방에 갔을 때 동행한 사람이 1절이 끝나자마자 박수와 함께 마이크를 뺏어간다면? 그러면 노래를 좋아하는 사람일뿐, 잘하는 사람은 아닌 것이다. 즉, 좋아하는 일과 잘하는 일을 구분하려면 타인의 평가를 받는 게 확실하다. 해피 제너레이터로서의 성과물 만드는 일을 생각하며 다음 표를 작성해보자.

나만의 성과물			
번호	종류	형태 (아날로그/디지털/ 하이브리드)	주제
1			
2			
3			
4			
5			
6			
7			
8			
9			
10			

잃어버린 것을 되찾아라

그리스의 철학자 플라톤의 대화록이라던가, 어느 날 갑자기 사라진 아틀란티스에 대한 이야기는, 우리가 잃은 소중한 것에 대해 묻는다. 한번 잃어버린 것은 되찾기가 어렵다. 《성경》에는 '네 이웃을 네 자신처럼 사랑하라'라고 되어 있지만, 현대 사회는 이웃은커녕 나 자신을 사랑하는 방법조차 잃어버렸다. 남을 사랑한다는 게 사치스럽게 느껴질 정도이다. 삶은 생존 본능이다. 그리고 생존 본능은 돈과 권력, 명예 등에 과하게 집중하게끔 했고, 사회 시스템은 이런 정글의 법칙을 해결하지 못하고 있다. 자살률이 높은 이유다.

우리가 되찾아야 할 것은 바로 자아와 나를 사랑하는 마음이다. 그래야 남도 사랑할 수 있고, 건강한 사회를 만들 수 있다. 지금 이 순간에도 전 세계는 각종 범죄와 테러가 발생하고 있다. 자신을 사랑하는 법을 잃어버렸기 때문이다. 4IR의 도입기에 사는 우리는 스마트기기, 유튜브 같은 매체에 잠식당한 지 오래다. 미디어에의 몰입을 넘어 사회 전체가 중독이다. 이 잘못된 사랑인 중독에서 벗어나 자신에게 집중해야 할 때다. 사이버 세계가 아닌 현실 세계로 나와야 한다. 마음에 사랑을 품고, 4IR 시대를 대비하는 사람이 되어야 한다.

역사상 가장 발전한 문명에 살게 될 해피 제너레이터는 자아를 회복하고, 삶의 본질을 되찾을 기회를 얻게 될 것이다. 4IR 시대는 생존의 어려움은 있지만, 여유와 풍성한 삶도 제공되는 시기이다. 아마 종교 활동을 하는 사람이 늘 것이다. 과학의 발달이 인류의 한계점을 드러내기 때문이다. 결국 인류는 신의 권위를 인정하는 삶의 태도를 취하게 될 것이며, 조금 더 인간다운 삶에 대해 고민할 것이다. 로봇은 종교 활동을 할 수 없다. 종교 활동을 흉내 낼 수 있을지 몰라도, 진심으로 종교를 가질 수는 없다.

어떤 면에서 인류는 신의 영역에 가까이 왔다고 볼 수 있다. 인간의 창조주인 신도 이를 바랐을 것이다. 기술이 충분히 발전한 때에, 하늘이 허락한다면 직접 신을 대면할 기회를 얻을 수 있을지 모른다. 특정 채널을 통해 역사 속 일부의 사람만 신의 계시를 받는 기존의 방식이 아니라, 모든 이가 원할 때 신을 대면할 기술을 확보하게 될지 모른다는 말이다. 게임 속 캐릭터가 게임 밖 유저나 게임 개발자를 대면하는 날이 머지않았다.

인류는 불로장생을 넘어 영생의 단계에 접근할 것이다. 의학과 과학, 컴퓨터의 발전이 인간에게 영생을 가져다준다. 이때, 중요한 것은 오래 사는 것이 아니라, 의미 있게 사는 것이며, 오래 사는 삶을 선택한 사람은 오래 살아야 할 이유를 찾아야 한다. 계속 살아갈 것인가? 아니면, 적정히 살고 잠들 것인가? 잠든 사람을 깨울 것인가? 잠든 이의 기억을 복제 인간이나 사이보그, 4IR 솔루션 형태로 되살릴 것인가? 아니면, 한 번 잠든 사람은 그대로 놔둘 것인가? 4IR 안정기는 삶과 죽음을 ON과 OFF의 문제로 생각하게 될 수 있다.

4IR의 도입기인 지금이 오히려 인류가 가장 행복하게 살아가는 시기일지 모르겠다. 삶과 죽음이 있고, 나와 타인, 현실과 가상, 사람과 기계, 신과 인간이 구분되는 시대이기 때문이다. '사람 중심 자본주의' 사회를 바라면서, 진짜 나의 인생을 찾아 이웃과 함께 행복하게 살아가자.

신 기업과 행복을 찾아서

요즘 정부와 기업은 챗봇 등의 4IR 기술을 활용해 업무 처리의 자동화와 간소화, 비용 절감, 효율 증대를 실현하고, 고객 감동 서비스까지 제공하고 있다. 특히 대부분의 기업은 전사적 자원관리 서비스인 ERP 시스템을 도입해 경영 활동을 통합적으로 관리하며, 영업지원 자동화 서비스인 SFA 시스템을 활용해 모바일로 간단히 업무를 처리하고 있다.

지금은 대기업, 글로벌 기업의 전성기이지만, 4IR 시대에는 몇 개의 글로벌 기업을 제외하고는 대부분의 기업이 소형화될 것이다. 다품종 소량화 및 맞춤별 대량 서비스의 니즈가 발현할 것이기 때문이다. 그렇다면 특화한 기술을 보유한 1인 기업, 다양한 경험과 열의가 있는 중소기업, 핵심 기술로 대기업에서 독립한 계열사 형태의 기업,

글로벌 기업 중 과연 누가 4IR 시대의 주역이 될 것인가? 아마 어떤 형태든 급변하는 시대에 유연하고, 신속하게 대응할 수 있는 기업만이 살아남을 것이다. 4IR 시대는 신 기업의 형태를 요구한다. 변화할 것인가, 변화당할 것인가, 도태될 것인가? 4IR 시대를 선도할 신 기업의 행복을 찾아 나설 때이다.

신 기업의 행복한 생존은 적극적인 경영 혁신, 4IR 시대에 맞춘 직원 교육과 인재 양성, 관련 분야 전문가 영입에 달렸다. 4IR 시스템 도입으로 투자 수익률을 충족하는 시점이 되었을 때, 기업은 4IR 체계로 적극적으로 눈 돌릴 것인가, 또는 트렌드에 발맞춰 미래지향적이고 적극적인 투자로 나아갈 것인가? 지금이 인건비 대비 4IR 체계로의 전환이 유리한 시점이며 그 시기는 점점 가속할 것이다.

변화의 특이점은 점점 가까워지고 있다. 앞서 말했듯이, 이 특이점을 캡스톤 포인트라고 부른다. 캡스톤 포인트는 코로나19이거나, 포스트 코로나에 새로 등장할, 누구도 예측하지 못한 완전히 새로운 사회 현상일 수도 있다. 마치 다윗이 작은 물맷돌로 거인 골리앗을 쓰러뜨린 것처럼, 캡스톤 포인트는 작은 물맷돌이 되어 기존의 사회 시스템을 무너뜨리고 새 시대를 열 것이다. 물론, 통제 중심 사회가 된다면 열렸던 시대는 빨리 막을 내릴 것이다.

캡스톤 포인트를 나는 '갓 포인트GOD Point'라고도 부르고 싶다. 왜냐하면, 요즘 발생하는 다양한 자연재해와 전염병 등은 인간의 관점으로는 받아들이기 어려운 문제이기 때문이다. 그럼에도 불구하고, 우리는 우리가 할 일을 해야 한다. 기업은 사회적인 책임감을 느끼고 4IR 시대를 대비하여 자체 직업 훈련, 정부와 대학과의 연계를 통한 인재 양성에 힘써야 한다.

나는 국가의 가장 큰 기업은 중앙정부라고 생각한다. 대한민국의 정부가 우리나라의 가장 큰 기업이라는 뜻이다. 정부가 연간 예산을 수립하고, 집행하는 금액은 얼마일까? 2019년 기준으로 총지출은 약 469조 6천억 원이었다. 이 엄청난 금액을 효율적으로 활용한다면, 4IR 시대를 대비해 세계 1등 국가로 도약할 수 있다.

현재 우리나라 전자정부는 2001년 전자정부특별위원회 구성을 시작으로 계속 발전중이며, 특히, 2003년 출범한 참여정부에서는 정부 서비스 전달 체계의 혁신을 통한 네트워크 정부, 행정의 효율성과 투명성 향상을 통한 지식 정부, 진정한 국민주권 실현을 구현한다는 비전을 수립하여 어느 정도의 성공을 거두었다. 우리나라 전자정부는, UN이 2년마다 집계하는 전자정부 평가 지표에 따라 2010~2014년까지 3회 연속 1위를 차지했고, 2016년과 2018년에는 3위를 차지하며 전 세계의 전자정부 서비스에서 상위권을 유지하고 있다.

최근 행정안전부에 따르면, 우리나라는 2020년 UN 전자정부 평가 중 하나인 온라인 참여지수에서 미국, 에스토니아와 함께 1위를, 전자정부 발전지수에서는 덴마크에 이어 2위를 차지했다. 물론, 모든 부문에서 1위를 하기 위해서는 스마트 기술을 확보하고, 사이버 보안 체계의 편리성과 호환성을 보완하며, 중앙부처, 지자체, 공공기관 사이트의 보안과 인쇄, 각종 민원 서비스 파일의 표준화가 이뤄져야 한다. 그리고 이를 위한 인재를 육성해야 한다. 성실하고 열정적인 인재를 채용해 교육하고, 자기 계발을 할 수 있도록 지원하는 것이다. 채용을 늘리고 채용한 직원을 교육하는 일은 사회가 요구하는 핵심 니즈이다.

사람이 필요 없는 기업이 존재해서는 안 된다. 4IR 도입기와 과도기에는 사람이 필요한 일자리를 만들어야 한다. 그렇지 않으면 실업률이 높아져 사회 문제가 발생하고, 실질 소비자층이 얇아져 기업은 물건을 팔 수 없다. 기업은 4IR 시대의 요구에 따라 유연하게 대처해야 한다. 예를 들어, 코로나19는 마스크의 일상화를 가져왔다. 그래서 진한 화장보다는 간단한 화장, 노 메이크업이 유행하고 있다. 화장품 업계는 포스트 코로나의 주를 이룰 노 메이크업 문화에 대한 대비책이 필요하다. 어떻게 하면 자극이 없고, 마스크에도 지워지지 않는 자외선 차단제를 만들 것인가도 고민해야 한다. 새로운 트렌드의 화장법을 주도할 수 있으면 금상첨화이다. 집에 돌아와 마스크로 지친 피부를 개선할 수 있는 케어 제품을 만드는 것도 방법일 것이다.

이렇게 코로나19가 촉발한 변화는 다양하며, 상황에 맞춰 대처할 방법을 찾는 것은 '인간'이다. 인간만이 인간에게 필요한 것이 무엇인지, 더 인간다움이란 무엇인지를 고민할 수 있다. 포스트 코로나 시기에 '사람 중심 자본주의'가 핵심 가치여야 할 이유이다. 4IR 시대의 신기업은 캡스톤 포인트라는 특이점에서 새로운 인재상을 만드는 문화를 정착시켜야 한다. 그리고 일단 생존하는 기업이어야, 소속된 직원의 행복과 주주들의 행복을 지킬 수 있다.

행운은 콘텐츠와 함께 찾아온다

완전한 4IR 시대에는 콘텐츠가 공공재화 하여 저작권 개념이 사라질 것이다. 공공의 빅데이터, 공익 유튜브 채널의 증가가 이를 보여준다. 아직은 저작권의 시기이지만, 10년 이내에 저작권의 개념이 약해질 전망이다.

그러나 미래에도 여전히 개인과 기업은 다양한 콘텐츠를 만들어낼 것이다. 해피 제너레이터가 되어야만 행운을 잡을 수 있다. 그리고 그 행운은 예상치 못하게 찾아올 것이다. 나만의 디자인, 나만의 캐릭터, 새로운 앱과 게임, 나만의 예술품, 나만의 제품 개발 등 분야도 다양하다. 내가 잘하는 게 무엇인지를 찾는 게 먼저다. 대박이 날 콘텐츠는 당신의 삶에 존재하므로, 당신 안에 내재한 가능성을 찾아야 한다. 당신이 만든 콘텐츠가 누군가에게 꼭 필요한 소재가 되고, 가치 있는 속성이 될 수 있다.

콘텐츠를 어떤 방식으로 보여 줄 것인가도 중요하다. 이미 가지고 있는 것을 어떻게 표현할 것인가? 예를 들면, 브이로그를 통해 일상적인 주제를 매우 재미있게 표현하는 사람도 있고, 실타래처럼 얽힌 정보를 풀어서 일목요연하게 설명하는 사람도 있다. 또 어떤 전문가는 유튜브 채널을 통해 자신의 노하우를 전수하기도 한다. 즉, 개인이 다양한 콘셉트로 나만의 콘텐츠를 만든다. 브이로그를 보면 영화 〈트루먼 쇼〉가 생각난다. 차이점이라면, 트루먼 쇼의 주인공은 자신의 일상이 공개되는 걸 몰랐다는 것이고, 지금의 콘텐츠 창작자들은 자신의 사생활을 제작해 공유한다는 것이다.

하루에도 수많은 콘텐츠가 쏟아져 나오는 요즘, 나는 책 쓰기를 권한다. 많은 사람이 가는 길이 아니며, 전통적인 콘텐츠이지만 얼마든지 재생산될 수 있기 때문이다. 또한, 책은 희소성이 있어 가치가 오래 보존되며, 정보의 신뢰도가 높고, 책장을 넘기는 아날로그적 손맛도 있다. 손맛이야말로 여러 시도에도 대체되지 못한 책만의 매력이다. 책을 읽고 나는 사람들과 토론하며 다양한 생각을 공유한다. 그리고 집필을 하며 생각을 정리한다. 물론, 책은 비인기 아이템이다. 유튜브는 대박이 나면 광고 수익으로 부자가 될 수 있지만 책은 그렇지 않다. 당신의 재능이 유튜브에 적합한지, 책 쓰기에 적절한지 잘 살펴보라. 숨어 있는 보석을 찾아야 한다.

나를 과소평가하지 말고, 삶을 깊이 들여다보며 내 안의 무언가를 발견하라. 그리고 연구하라. 기대하지 않았던 엉뚱한 분야에서 당신의 콘텐츠가 행운을 가져다줄 수 있다. 당신이 행한 수많은 일 중에서 당신을 일으켜 세울 일은 한 가지면 충분하다. 그 한 가지가 무엇인지 알 수 없지만, 일단 움직여라. 한 우물을 깊이 파다가 행운을 발견할 것인지, 여러 개의 우물을 파다가 행운을 발견할 것인지는 알 수 없다. 우리가 할 수 있는 가성비 높은 아이템은 콘텐츠뿐이다!

• 나만의 생각 정리하기 •

① 4IR 시대에 인생의 발자취로 무엇을 남길 것인가?

② 나에게 삶의 향기란 무엇인가?

③ 나의 어떤 부분에 투자할 것인가?

④ 나만의 성과물로 무엇을 만들 것인가?

⑤ 나에게 잃어버린 것은 무엇인가?

⑥ '신 기업과 행복을 찾아서'를 읽고 기억에 남는 부분은?

⑦ '행운은 콘텐츠와 함께 찾아온다'를 읽고 기억에 남는 부분은?

PART 5

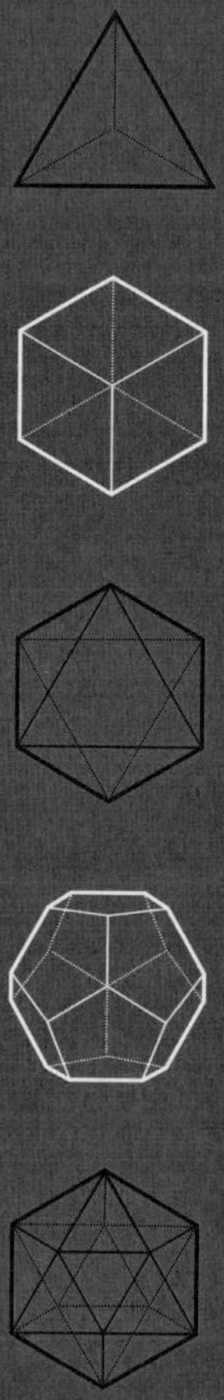

4차 산업혁명 시대를 대비하라

시대에 적합한 인생 목적을 세워라

공자는《논어》에서 '아침에 도를 행한다는 말을 들으면 저녁에 죽어도 좋다'라고 하였다. 공자는 온 세상이 도를 행하는 것을 꿈꾸고, 작게는 자신이 참된 진리를 깨달으면 죽어도 좋다고 생각했다. 그렇다면 점심에는 무엇을 하려고 했을까? 진리를 실행하고 전파하려고 한 건 아닐까? 아무튼 사람들과 참된 진리를 공유하며, 진정한 행복을 누리기 위한 시간을 보내려 했을 것이다. 그렇다면 공자가 꿈꾸던 세상이 올까?

우리나라에는 나이별 한자어가 있다. 15세를 뜻하는 '지학志學'은 학문에 뜻을 둠, 30세를 뜻하는 '이립而立'은 도덕의 기초를 세움, 40세를 뜻하는 '불혹不惑'은 세상일에 미혹되지 않음, 50세를 뜻하는 '지천명知天命'은 하늘의 명을 앎, 60세를 뜻하는 '이순耳順'은 인생에 경륜이 쌓이고 사려와 판단이 성숙하여 남의 말을 지혜롭게 받아들임, 70세를 뜻하는 '종심從心, 고희古稀'는 뜻대로 행하여도 도리에 어긋나지 않음, 100세를 뜻하는 '상수上壽'는 노인, 장수를 일컫는다. 그러나 지금은 너무도 빠르게 변하는 세상 속에, 그 속도를 따라가지 못하는 사회 시스템과 성숙하지 못한 개인이 있을 뿐이다 그렇다면 4IR 시대에 보통의 사람들은 어떻게 인생의 목적을 찾아야 할까?

어떤 사람은 직업에 대한 사명감에서, 어떤 사람은 신념과 꿈을 통한 성취의 과정에서, 또 어떤 사람은 신앙에 대한 실천과 소명 의식 등에서 인생의 목적을 찾는다. 그러나 대다수의 사람은 아무 목적 없이 흘러가는 대로 산다. 다사다망하여 목구멍이 포도청인 사람에게 행복이나 진리 추구 등은 사치인 것이다. 그러나 분명한 것은, 진지하게 삶에 대해 고민해야 행복에 도달할 수 있다는 것이다. 도산 안창호는 "소에게 무엇을 먹일지에 대한 토론으로 세월을 보내다가 소를 굶겨 죽였습니다. 백百의 이론보다 천千의 웅변보다 만萬의 회의보다, 풀한 짐 베어다가 쇠죽을 쑤어준 사람은 누구입니까? 그 사람이 바로 일꾼입니다."라고 하였다. 그의 말처럼, 일단 '나'라는 소에 무엇을 먹일 것인가를 고민하고, '가정'과 '사회'라는 큰 소를 위해 무엇을 헌신해야 하는가를 고민하자.

대입을 준비하는 학생이라면 성과를 위해 매시간 집중해 공부해야 하고, 군인이라면 유사시 바로 움직일 수 있는 준비가 되어 있어야 한다. 취업 준비생이라면 취업에 필요한 스펙을 쌓고, 본인만의 경험이 녹아든 스토리를 만들어, 자기소개서를 쓸 수 있어야 한다.

나에게 주어진 삶이 얼마 남지 않았다는 절박한 심정으로 살아가자. 우리의 인생은 영원하지 않으므로, 천년만년 살 것처럼 시간을 낭비해서는 안 된다. 일을 추진할 때는 마감 하루 전이라는 심정으로 일하자. 집중력과 열정이 두 배가 될 것이다. 물론 이렇게 늘 긴장된 상태로 살 수는 없다. 적절하게 쉬는 것도 기술이다. 4IR 시대의 불확실성에 대해 두려워하기보다, 계획을 세우고 실천하는 게 유리하다. 코로나19는 인류를 4IR 시대로 이끄는 강력한 매개체이다. 작은 일이라도 계획해서 실천하는 게 힘이다. 그 순간 삶의 변화가 시작된다.

나는 포스트 코로나를 '4IR 개화기'라고 이야기하고 싶다. 이 시기를 놓치지 말자. 국가와 기업이 4IR 시대를 준비하고 있는데, 흥선대원군처럼 마음의 문을 걸어 잠근다면 개인뿐 아니라, 국가적으로도 큰 손실이 따른다. 급변하는 시기에는 속도와 방향성, 추진력이 톱니바퀴처럼 맞물려 돌아가야 한다. 하나라도 문제가 생기면 효과는 반감한다.

국가와 기업, 개인이 모두 미래를 준비하고 움직이자. 불확실성을 제거하고 포스트 코로나에도 인생의 목적을 실현할 수 있도록 방향을 설정하자.

시대가 요구하는 인재상

리더의 핵심 덕목은 공감, 소통, 공헌 그리고 헌신이다. 기독교에서는 리더로 예수를 꼽는다. 예수는 소외된 자들과 함께한 개혁가이자 신의 아들이었다. 비록 살아서는 버림받았을지라도 부활로써 진정한 리더의 자리에 올랐다. 불교에서의 리더는 석가모니이다. 석가모니는 노년까지 자신이 얻은 깨달음을 전파하며 수많은 제자를 양성했고, 그 가르침은 수천 년이 흐른 지금까지 이어지고 있다.

4IR 시대가 요구하는 인재상은 크게 두 가지이다. 첫째는 사회의 급변과는 관계없이, 통용되는 가치관과 리더십을 갖춘 사람, 둘째는 사회의 급변 속에서 소외되는 계층까지 아우를 수 있는 강하고 배려가 있는 사람이다. 로봇과는 확실히 구분되는 인간성과 애정이 있어야 하며, 타인과 구분되는 특출함이 있어야 한다. 물론, 4IR 시대의 인

재는, 사람보다 더 사람 같은 휴먼 로봇, 그리고 대중과 구별되지 않는 자신과 경쟁해야 한다. 그래서 더 인간답고 나다움을 추구하는 철학적 삶이 요구된다.

우리는 각자의 자리에서 새로운 질문을 던질 수 있는 인재가 되기 위해 창의적인 생각과 기발하고 복합적인 실행 방법을 도출해야 한다. 초인공지능의 명령을 받으며 살 것인가, 4IR 시스템을 개발하고 운영하는 삶을 살 것인가? 우리는 선택해야 한다. 편리한 4IR 시스템에 취해 살다가는, 인생이 통제되는 삶의 변곡점을 맞이할 것이다. 이렇게 불확실성으로 인한 불안감이 높은 시기에 적합한 인재가 되기 위해서는 자신을 단련하고, 자신이 속한 그룹을 리드할 수 있어야 한다. 조금 더 현실적인 이야기를 해보겠다. 게임 회사를 예로 들면, 게임 회사에는 기획부서, 개발부서, 테스트부서, 게임운영부서, 마케팅부서, 회계부서, 감사부서, 총괄부서 등이 있으며, 개발부서 내에는 코딩팀, 디자인팀, 서버팀, 보안팀, 시나리오팀 등이 있고, 이마저 1팀과 2팀으로 나뉘어 있을지 모른다. 즉, 게임 회사지만 게임을 만드는 기술팀만 있는 게 아니라, 일반 회사와 같이 전체를 총괄 지휘하는 부서도 필요하다. 그래서 총괄 지휘하는 전문가도 필요하고, 게임을 개발하는 데에 두각을 나타내는 기술자도 필요한 것이다. 게다가 영업, 기획, 홍보, 마케팅 등 회사의 매출을 상승시킬 인재도 필요하다. 우리가 알아야 할 것은, 4IR 시대를 선도할 기술 인재도 필요하지만, 전통적인 분야의 인재도 여전히 필요하다는 것이다. 신기술과 전통적

기술을 아우를 수 있는 통합적 인재가 필요하다.

당신은 정적인 활동을 좋아하는 사람인가, 동적인 활동을 좋아하는 사람인가? 어떤 분야의 인재가 되고 싶은가? 당신이 취직하고자 하는 회사는 어떤 인재를 원하며, 당신은 그 인재상에 어느 정도 부합하는가? 질문이 구체적일수록, 구체적 대답을 하며 인재로 성공할 수 있다. 사람마다 인적성과 특기가 다르므로 질문에 대한 답은 다양하다. 다음 표를 작성하며 자신에 대해 정리해보길 바란다. 제시하는 질문이 맞지 않으면, 질문을 바꾸거나, 표 아랫부분의 빈칸을 활용해도 좋다.

나는 어떤 인재인가?		
1	나의 취미는?	
2	나의 특기는?	
3	나는 정적인가, 동적인가?	
4	취업하고자 하는 분야는?	
5	취업 예상 분야의 직종은?	
6	해당 직종의 대표 회사는?	
7	그 회사의 인재상은?	
8	내가 갖추고 있는 부분은?	
9	나에게 미흡한 부분은?	
10	내가 원하는 연봉은?	
11	내가 원하는 사회적 지위는?	
12	나는 어떤 노력을 하고 있는가?	
13		
14		
15		

4차 산업혁명 시대의 유망 업종은?

살다 보면 기대했던 부분에서는 성과가 없고, 기대하지 않았던 부분에서 성과가 나오는 경우가 종종 있다. 우리가 사용하는 많은 발명품과 의약품이 원래의 개발 목적과 다른 경우가 많은 것처럼 말이다.

나는 토목공학을 전공해 공학사로 졸업했지만, IT 강사가 되었고, 대학원에서 이러닝학을 전공해 이학석사가 되었으며, 박사 과정은 전자상거래협동과정을 밟고 있다. 나는 한 우물이 아니라 여러 우물을 팠다. 그리고 이러한 나의 특이한 이력은 멀티 플레이어를 원하는 요즘 트렌드에 적합해졌다. 박지성은 멀티 플레이어로서의 활약이 돋보이는 선수다. 수비형 미드필더이자, 중앙 공격형 미드필더이며, 양발을 모두 사용하고, 지치지 않는 체력까지 겸비한 올라운드 플레이어이다. 레오나르도 다 빈치는 67년의 삶을 살아가는 동안 수학, 미술, 음악, 과학, 의학, 철학, 건축 등 전 분야에 걸쳐 놀라운 업적을 남겼다. 어쩌면 당시, 한 우물만 파서는 성공할 수 없는 사생아라는 소외된 계층이었기 때문일지 모른다. 그리고 이는 오히려 르네상스 시대를 대표하는 거장이 되게 했다.

사실 안정적인 포지션은 사회와 개인의 발전을 저해하는 요소일 수 있다. 분야를 최대한 확장하고 성장하기 위해서는 삶의 벼랑 끝까지 내몰려야 한다. 4IR 시대는 인간의 역량을 최대치로 끌어올리는 계기가 될 것이다. 4IR 시대의 유망 업종에 대해서 개략적으로 살펴보자.

우선 4IR 시대의 급변은 기본적으로 경제 구조와 사회 시스템을 변화시킬 것이며, 생태계의 변화와 초고령화 사회로의 진입도, 사회에 커다란 변화를 불러일으킬 것이다. 즉, 개인의 변화는 선택이 아닌 필수이다. 그렇다면 미래에도 변치 않을 업종에는 무엇이 있을까? 정치, 종교, 심리 서비스, 문화 예술, 복지 분야는 자동화와 완전 무인화가 어려운 직업군이다. 부분 자동화, 부분 무인화는 있을 수 있지만, 여전히 인간이 종사해야 할 업종이다.

신분야로서의 유망 업종은, 신기술이 접목된 예술 분야가상 현실과 증강 현실이 접목한 스포츠, 오락, 건강 등, 탐험 분야우주, 바다 심해, 오지 탐험 등, 생명 공학 분야유전자, 냉동 인간 등, 4IR 시스템 관련 분야하드웨어, 소프트웨어, 사회 제도 운영 등 등이 있다. 요즘 언론에 자주 언급되는 자율 주행 자동차, 3D 프린터, 빅데이터, 광융합, 5G, 초인공지능, 백신 개발, 유전자 가위 등은 미래에 새롭게 등장할 직업을 예상하게 한다. 앞으로 세워질 최첨단 실버타운이나 최첨단 도시는 신기술이 집중적으로 적용될 것이다. 생명 공학이 발달할 것만 예상해도, 유전자 가위를 활용한 다양한 질병 예방과 치료, 나노 로봇을 이용한 백신과 치료제 개발, DNA 복제를 통한 세포 복제 기술, 뇌 복제를 통한 사이보그 출현 등을 예상할 수 있다. 물론, 생명 공학은 윤리적 난제가 많으므로, 인류에게 가장 이로운 방향으로 발전해야 한다. 또한, 4IR 도입기가 되면 서서히 사라질 업종이 다시 매력적인 업종으로 변모할 수도 있고, 인기 있는 업종이 사라질 수도 있다. 요즘 대세 직업인 유튜브 크리에이터도 계속 생존할 수 있을지 의문이다.

4IR 안정기의 사람들은 자신이 하고 싶은 일을 하며 인생과 행복에 대해 더 진중한 고민을 하게 될 것이다. 우리는 그 갈림길에 섰다. 앞서 이야기했듯, 나는 다양한 분야를 공부하고, 경험했으며, 여러 자격증을 취득했다. 내가 취득한 자격증 리스트를 보면 미래 직종에 대한 힌트를 얻을 수도 있겠다. 쉬운 자격증부터 하나하나 취득하다 보면, 체계적인 배움과 단계적 성취감을 맛볼 수도 있다. 또한, 미래를 준비하고 싶다면 내가 일하는 분야의 자격증보다 도전해보고 싶은 자격증을 취득하는 것도 좋다. 다음은 구체적으로 내가 하고 싶은 일이나 배우고 싶은 분야를 정리할 수 있는 표이다. 생각을 정리해보고, 구체적으로 계획해 실천하자.

배우고 싶은 것과 하고 싶은 일			
취득하거나 배우고 싶은 것		하고 싶은 일이나 직업	
1		1	
2		2	
3		3	
4		4	
5		5	
6		6	
7		7	
8		8	
9		9	
10		10	
11		11	
12		12	
13		13	
14		14	
15		15	

4차 산업혁명 시대의 교육은?

4IR 시대에도 학교가 존재할까? 학교라는 공간은 의미가 없어질 가능성이 크다. 가상 현실과 증강 현실이 접목된 형태의 공간에서, 초인공지능에 의지해 교육을 받고, 뇌파 형태의 데이터 전송 기술로 필요한 지식을 필요한 시점에 업로드하는 형태로까지 발전할 것이다.

중요한 것은 교육자의 역할이다. 지금처럼 온·오프라인을 혼용하는 교육 현장에서는 교육자의 교수법과 노련함, 학습 지도에 대한 열정이 학습의 질을 좌우할 것이다. 교육자는 온·오프라인으로 수업을 하며, 개인별 맞춤 학습뿐 아니라, 조별 토론을 통한 협업을 이끌고, 창의적 발상을 도출시키는 안내자로서의 역할을 해야 한다.

단순한 암기와 연산으로 하는 일은 초인공지능이 하게 될 것이므로, 교육과 공부에 대한 개념도 바뀔 것이다. 인간은 4IR 시대에 행복하게 생존하기 위한 방법으로, 로봇과의 협업을 통한 종교와 철학, 문학, 예술, 취미, 건강에 대해 공부할 가능성이 크다. 즉, 4IR 시대의 교육은 행복의 방법을 터득하기 위한 분야로 확대할 것이다.

앞으로 4IR 교육 시스템이 마련되어야 한다. 컴퓨터가 등장할 시기에 열심히 주산을 가르치고 있다면 방향을 달리해야 한다. 4IR 도입기에는 학교가 비 제도권으로 넘어가고, 이러닝을 통한 온라인 교육과 최첨단 시설을 갖춘 사설 교육 기관이 확대할 것이다. 어차피 미래 사회는 환경 오염과 전염병의 증가, 지구 환경의 급변 등으로 온라인화할 수밖에 없다.

사실 지금과 같은 제도의 학교 교육은 4IR 시대의 변화를 따라잡기 힘들다. 미래학자 앨빈 토플러는 기업의 변화 속도를 자동차의 운행 속도에 빗대어 100마일로 가정했을 때, 가정은 60마일, 정부 조직은 25마일, 학교는 10마일, 정치 조직은 3마일, 법은 1마일로 달려갈 것이라고 했다. 문제는 속도의 격차에서 벌어진다. 결국 공교육은 홈스쿨링, 이러닝, 검정고시, 학점제 등의 다양한 형태로 나타날 것이며, 주입식 교육을 지양하고, 인성과 창의 수업을 기반으로 한 혁신이 이루어질 것이다. 교육자는 근본적으로는 학생 중심의 역동적인 교육 방법을 연구, 개발해야 한다.

유치원부터 대학까지의 교육자들은 긴장해야 한다. 학령 인구가 줄어드는 게 문제가 아니라, 4IR 시대로의 진입을 위한 교육 시스템이 변화하는 게 문제다. 대비해야 한다.

우선 학교 교육과 직업 교육을 통합해 하나의 교육 기관에서 담당해야 한다. 그리고 겉만 번지르르한 보여주기식 교육 시스템이 아닌, 진짜 인재를 양성할 수 있는 교육 시스템을 만들어야 한다. 입시 제도의 변화를 통해 글로벌 인재를 키우고, 명문대를 나왔다고 기득권이 되는 현실을 타파하기 위해, 국공립대학 통폐합과 사립대학 개편을 추진해야 한다. 기존의 시스템이 시대에 맞는 인재를 양성할 수 없다면 바꿔야 한다. 졸업장과 학점이 중요한 게 아니라, 진짜 학생에게 필요한 역량을 키워줄 수 있는 교육 기관이 되어야 한다는 말이다. 학교의 서열 문화는 4IR 시대에 어울리지 않는다. 경쟁하는 교육이 아니라 상생하고 협업하는 교육이 되어야 한다.

4IR 시스템을 개발하거나 운용하는 인재를 키우고, 인간관계에 어려움을 겪는 학생이 있다면, 휴먼 로봇과의 협업이나 비대면 방식의 교육이 필요할 수도 있다. 즉, 교육의 성과가 아니라 사람다움을 길러내는 데 중점을 두고, 한 사람 한 사람 맞춤별 교육을 할 수 있어야 한다.

우리의 생존은 교육에 달렸다. 4IR 시대의 교육은 정부 주도로 진행되어야 하며, 개인과 가정도 발 빠르게 대비해야 한다. 우리나라는 아직도 능력 중심보다는 학력 중심의 나라이다. 근본적으로 개선해야 할 부분이다. 개인과 가정은 자녀에게 경쟁하는 법보다 협업하는 방법을 가르치고, 소외된 친구와 함께 가는 방법을 알려주어야 한다. 그리고 정부는 고른 인재 양성을 위해 분야별 적정한 인원수를 체크하며 변화를 추진하고, 4IR 시대에 적응하지 못하는 사람을 위한 교육 시스템을 마련해야 한다.

나는 6세부터는 초등학교 과정으로 편입되어야 한다고 본다. 그래서 유치원과 초등학교를 합한 '인적성 학교' 개념의 기관이 설립되어, 6~13세까지 8년을 지도하고, 중학생에 해당하는 7~8학년에는 자신의 진로를 결정할 기회를 제공했으면 한다. 즉, 중학교 때부터 기술 습득을 위한 직업교육과 학술을 위한 학술교육으로 분리하는 것이다. '기술 성장학교' 또는 '학술 성장학교'로 명명해 4년을 가르치면 좋겠다. 현재 우리나라는 일반계 고등학교와 전문계 고등학교로 분리되어 있지만, 확실하게 분리된 건 아니다. 또한, 기술계 고등학교 과정 및 전문대학 과정의 통합과 학술 과정의 대학 학위 및 석사 과정의 통합으로 진행하되, 기술 대학교기술계 고등학교 일부 + 전문대학교 또는 대학교 과정은 3년으로, 학술 대학교대학 학사학위 + 석사학위 과정은 5년으로 진행하여 분야별 전문성을 갖추도록 하면 좋을 것 같다. 물론 늦게라도 진로를 바꿀 수 있도록, 성장학교까지는 수료 년도가 일치할 수 있도록 하여, 향후 기술 대학교와 학술 대학교의 교차 지원이 가능하도록 하여야 한다. 또한, 학술 대학교에서 전공할 수 있는 분야를 제한해, 자연스럽게 기술 대학교의 진학률을 높여 4IR의 기술자를 양성해야 한다.

현재의 우리나라 교육 시스템은 초등학교(8~13세), 중학교(14~16세), 고등학교(17~19세), 대학교(20~23세), 대학원 석사 과정(24~25세)까지 쉼 없이 학업을 지속했을 때, 18년의 교육 후 26세 봄에 석사 학위를 취득하는 시스템이다. 그러나 위에서 내가 제시한 교육 시스템 중 가칭 '기술 대학교'로의 교육 과정을 쉼 없이 지속한다면 15년간의 교육 후 21세 봄에 기술학사 학위를 취득할 수 있다. 물론, 기술학사 학위 과정 중 학사 과정을 2년 이상 진행자에 대하여 전문기술학사 학위만 받고 졸업하는 방법도 선택할 수 있어야 한다. 또한, 그 이후로 고급 기술자 과정도 별도로 운영해야 한다. 고급 기술자 과정이란 현재 자격증 체계의 기능장이나 기술사 등에 해당하는 기술인을 양성하는 과정으로 보면 좋겠다.

내가 제시한 교육 시스템 중 가칭 '학술 대학교'로의 과정 또한 쉼 없이 학업을 지속할 경우, 17년간의 교육 후 23세 봄에 학술석사 학위를 취득하게 된다. 이 또한 학술석사 과정 중에 학사 과정을 3년 이상 이수한 자에 대하여 학술학사 학위만 받고 졸업하는 방법도 선택할 수 있어야 하며, 그 이후로 학술박사 과정도 별도로 운영해야 한다. 다음 표를 통해 4IR 시대를 대비한 나의 4IR 교육 시스템 개편안을 정리해본다.

이렇게 교육 시스템이 개편된다면, 지금보다 2년 빠르게 초등 과정

개편 교육 체계			
	기술 교육 과정	학술 교육 과정	
6~13세	인적성 학교 (현 유치원+초등학교 과정)		
14~17세	기술 성장학교 (현 중학교+전문계 고등학교 과정)	학술 성장학교 (현 중학교+인문계 고등학교 과정)	
18~20세	기술 대학교 (기술학사 학위 취득 및 19세 기술전문학사 취득)	18~20세	학술 대학교 (학술석사 학위 취득 및 20세 학술학사 취득)
21세~	고급 기술자 과정 (기능장 및 기술사 양성)	23세~	학술박사 과정 (고급 연구자 및 박사 양성)

인 인적성 학교에 입학해 21세 봄에 기술학사 학위를 취득하거나, 23세 봄에 학술석사 학위를 취득해 사회에 진출할 수 있다. 조금 더 빠르게 사회에 진출하고 싶다면 17세에 성장학교 과정을 마치고 18세 봄에 사회에 진출하거나, 19세까지 기술전문학사를 마치고 20세 봄이나, 21세 봄에 진출해도 좋다. 결과적으로 전체적인 공교육 시작 연령을 낮추어, 총 교육 기간을 줄임으로써 교육 비용에 대한 사회적 부담을 줄이고, 노동 시장에 젊은 활력을 불어넣는다면, 우리 국민의 대학에 대한 목마름도 해결할 수 있다고 생각한다.

또한, 플립 러닝 Flipped Learning이나 온·오프라인 수업을 병행하는 블렌디드 러닝 Blended Learning, 게임 이론을 접목한 게이미피케이션 러닝 Gamification Learning 등 보다 창의적인 교수법이 개발되어야 한다. 교육을 백년대계라고 하지만, 4IR 시대로의 변화는 20년 이내에 상당 부분 이루어질 것이다. 지금부터라도 준비해야 한다. 물론, 위의 개편안 예시는 내 생각이다. 일선에 있는 교육학자와 교육 행정 전문가들이 가장 합리적이고 효과적인 개편안을 마련할 것이다. 그러나 지금과 같은 입시 제도에서는 백년대계조차 세울 수 없다. 교육 개편은 다음 세대가 아닌, 우리 세대가 할 일이다.

공교육은 학생에게 올바른 가치관을 심어주고, 인성을 교육하며, 각자의 적성과 재능을 찾아줄 의무가 있다. 그래서 나는 '인적성 학교' 시절이 중요하다고 생각한다. 학생 스스로 진로를 탐색하고, 공부하여, 자신의 가치관에 따라 행동할 수 있는 '자기 주체성'을 확보하는 시기이기 때문이다. 학생은 주어진 동기가 아니라 내적 동기부여를 통해 움직일 수 있는 운전법을 익히고, 교육을 통해 평생에 걸친 자기 계발 에너지를 채워야 한다. 이러한 교육을 실현하기 위해서는 다양하고 새로운 시각에서 학생을 가르치고 평가해야 하며, 보다 넓은 영역에서 학생의 선택권이 보장되어야 한다.

최근 한 대학에서 유아교육과 학생들을 가르치며, 유아와 아동을 대상으로 한 소프트웨어 교육에 대해 고민해볼 기회가 생겼다. 그래서 생각한 것은 인적성 학교 시기의 학생들에게는 컴퓨터에 대한 흥미를 갖게 하는 게 중요하다고 보았다. 소프트웨어에 대한 전문적인 교육보다 컴퓨터를 흥미로운 도구로 인식하게 하는 게 결국 소프트웨어 교육의 첫걸음인 것이다. 좋은 경험은 결국, 좋은 성과로 이어진다.

그리고 '왜?'라는 질문을 던지는 학생으로 키워야 한다. 다양한 상황에서 다양한 답을 도출하고, 입체적인 사고를 할 수 있는 기회를 제공해야 한다. 4IR 시대, 미래 시민의 핵심인 '정보통신기술 리터러시' 및 '미디어 리터러시' 교육도 필수 교과목으로 들어가는 게 좋다.

위에 제시한 나의 교육 개편안이 실현되려면, 유치원과 어린이집의 관리처를 일원화하고, 교과 과정과 평생 직업 훈련 과정, 평생 직업 교육 과정의 일원화가 선행되어야 가능하다. 또한 법적 성년의 나이도 학술 성장학교, 기술 성장학교의 졸업 나이에 맞추어야 한다. 제대로 된 교육 시스템을 통해 4IR 시대에 해피 제너레이터로 존재할 수 있도록 도와야 한다. 교육은 모든 변화의 핵심이다. 위의 개편안은 내가 학생들을 가르쳐 보았고, 자녀를 키우고 있기에 제시할 수 있는 방안이다. 주장을 대해 비판해도 좋고, 더 좋은 생각을 제시해도 좋다.

신세계의 행복을 찾아서

마스크는 일상이 되어버렸고, SF 영화에서나 볼 법한 상황이 벌어지고 있는 요즘이다. 우리가 상상했던 신세계와는 조금은 다른 모습이다.

뉴스는 매일 코로나19, 흑사병, 돼지독감과 같은 전염병 소식과 메뚜기 떼, 지진, 화산, 폭우, 가뭄, 태풍, 인재 등의 수많은 재앙을 이야기한다. 마치 구약에 나오는 애굽이집트의 재앙을 보는듯하다. 차이가 있다면 애굽에는 열 개의 재앙이라는 정확한 수가 예견되어 있었지만, 지금의 재앙은 그렇지 않다는 것이다. 퍼펙트 스톰이 전 세계에 동시다발적으로 일어나고 있다. 《삼국지》에서 제갈량은 "일을 꾸미는 것은 사람이지만, 그 일을 이루게 하는 것은 하늘이기 때문에 강제로 할 수가 없다."라고 했다. 요즘 시대를 살아가는 사람들과 같은 마음일 것이다. 우리에게는 모세와 같은 지도자가 필요하다. 지도자는 급변하는 자연환경에 대한 대비책을 만들고, 국민은 국가의 지침을 잘 따르고, 협조해 스스로 지혜로운 모세가 되어야 한다.

신세계는 어떤 모습일까? 지금과 같은 형태의 국가가 존재할 수 있을까? 종교관은 그대로 유지될까? 아무도 가보지 않은 길이기에 속단할 수는 없다. 그저 조금이라도 예측해 행복하게 생존해야 할 뿐이다. 국가 형태는 고유한 권리와 이권이 존재하므로 유지될 것이다. 그러나 국토 개념이 모호해지고, 주권이라는 개념은 EU처럼 몇몇 나라의 연대 형식으로 그룹화할 가능성이 크다. 기존에는 지리적으로 가까운 나라끼리 연대했다면, 앞으로는 비슷한 수준의 경제력과 기술력, 사회 시스템과 정치 제도를 갖춘 나라끼리 연대할 것이며, 연대한 나라끼리는 상당히 자유로운 왕래와 시민권자로서의 권리가 주어질 것이다. 그리고 화폐는 통일될 가능성이 크다. 종이 화폐는 일부 유지되지만, 전자 화폐가 통용될 것이다. 정치 지도자는 연합 총리의 형태로 나타날 것이며, 종교는 새로운 교파나 신생 교단이 생성될 가능성이 크다. 기성 종교는 4IR 시대의 변화 속에서 어떤 역할을 해야 할지 고민해보아야 한다. 코로나19를 겪고, 인류는 과학 기술과 의료 기술로만은 자연재해를 대처할 수 없음을 깨달았다. 그 한계를 공감하게 되면, 종교는 더욱 부흥할 것이다. 즉, 신을 찾는 사람이 많아지면서, 종교 활동은 오히려 활성화할 것이다. 종교에 의지하는 포스트 코로나 시기의 인류를 그려보아도 좋다. 인류는 종교를 떠나서는 안정적으로 존재할 수 없다. 물론, 무신론자들도 양심적 판단에 의해 이로운 세상을 함께 만들어왔으므로, 4IR 시대에도 혁신적인 역할을 담당할 것이다.

4IR 시대에 대해, 신세계의 도래에 대해 관심 갖자. 그래야 행복한 생존이 가능한 아름다운 세상이 될 것이다. 그리고 이는 모두 우리 후손을 위한 일이다. 4맹으로 남을 것인가, 해피 제너레이터로 업그레이드되어 생존할 것인가? 당신의 선택에 달렸다.

독점할 것인가, 경쟁할 것인가?

늦기 전에 변화하자. 지진과 쓰나미가 무서운 이유는, 예측이 어렵고, 발생하면 대처할 수 없을 정도로 빠르게 모든 것을 파괴하기 때문이다. 그러나 태풍은 그렇지 않다. 감각적 시그널과 기상 정보를 체크하면 충분히 대비할 수 있다. 4IR 시대를 어떤 사람은 지진과 쓰나미로 느낄 수도 있고, 어떤 사람은 태풍처럼 느낄 수도 있다. 그리고 준비된 자는 강력한 순풍으로 느낄 것이다.

정보통신이 발달한 나라일수록, 자원이 없어 수출입에 의존하는 나라일수록, 국토가 좁고 인구밀도가 높은 나라일수록, 경제 체계가 발달한 나라일수록 4IR 태풍의 위험 반경에 든다. 우리나라는 신용카드 사용이 일상적이고, 스마트폰 앱을 통한 전자결제에 거부감이 없다. 4IR 시대의 태풍은 소비자에게 편리함을 주었고, 기업은 혁신할 수 있었다.

곧은 나무처럼 버티면 꺾이거나 부러져버린다. 풀처럼 뿌리는 깊고, 잎은 유연해야 거친 바람에도 살아남을 수 있다. 우리는 서민이다. 돈과 권력이 있는 사람은 변화한 사회에서도 살아남을 수 있지만, 서민과 서민의 아이는 그렇지 않다. 4IR 시대에는 새로운 기술을 익히지 못한 사람도 행복하게 살 수 있어야 한다.

세상에 힘이 있는 사람, 정보가 있는 사람은 4IR 시대가 서민에게 지진과 쓰나미 같을 거라고 이야기해주지 않는다. 그러나 진정으로 힘이 있는 사람이라면, 지구라는 한 배를 탄 서민에게 이야기해주어야 한다. 종종 전염병이나 핵전쟁, 테러 등에 대비하기 위해 벙커를 구입했다는 부자들의 소식이 들린다. 그러나 이것이 확실한 대비책인가? 아닐 것이다. 권력자는 자신만 살아남을 게 아니라, 모두가 같이 생존해야 한다는 걸 알아야 한다. 권력자만 지구라는 행성을 떠나 유토피아를 만들 수 있는 게 아니다. 차라리 사막을 비옥한 땅으로 만들어 지구의 사막화를 막고, 환경을 보호하는 데에 투자하는 게 공존의 길이라고 생각한다.

4IR 시대는 인간성을 중심으로 실용주의 학문이 발달할 것이다. 우리는 경쟁과 독점이 아닌, 공유와 상생을 고민해야 한다. 행복하게 공생하기 위해서는 몇 가지 필요한 게 있다.

우선 공공 의료인과 공공 4IR 전문가를 육성해야 한다. 지역별로 고르게 인재가 배치되고, 취약 지역과 취약 계층에 대한 의료 서비스가 확대되어야 한다. 공공 4IR 지역 기술센터가 주도적으로 그 역할을 해야 한다. 우리나라에는 인재가 많다. 이들을 활용해야 할 시기이다. 개인이 다양한 방법을 통해 나름대로 신세계를 준비한다고 해도, 공공 시스템이 제대로 갖춰져 있지 않으면 인류는 정글의 법칙으로만 살아가게 될 것이다. 인간다움을 상실한 세상은 아름답지 않다.

4차 산업혁명 시대,
이렇게 대비하라

4IR 시대에도 우리의 목표는 성공이다. 그렇다면 진정한 성공이란 무엇일까? 나는, 나를 사랑하고, 타인을 사랑하며, 사랑할 수 있는 사람이 주변에 있고, 그들에게 사랑받는 삶이 성공이라고 생각한다. 즉, 행복은 인간관계 속에 있다. 어떤 사람은 고독 속에서 마음의 위안과 평온을 얻는다고 하지만, 잠시뿐이다. 얼마 지나지 않아 외로움과 우울감이라는 새로운 친구가 찾아올 것이다. 내가 지금 함께하고 싶은 사람은 누구인가? 나는 누군가에게 함께하고 싶은 사람인가? 이 두 가지 질문은 행복한 인간관계를 위한 핵심이다. 돈이나 명예, 권력 등이 사회적 성공의 지표일지 몰라도, 행복은 개인이 느끼는 질적 요소에 달렸다.

한편, 4IR 시대의 코딩 기술은 삶의 많은 부분을 변화시킬 것이다.

지금은 글자 입력 방식의 단순한 문자 코딩 기술을 주로 사용하지만, 4IR 시대에는 자연어 문장 코딩 기술로 진보할 것이며, 음성 인식 코딩 기술, 음성 인식 플랫폼 개발, 뇌파 코딩 방식으로 발전할 것이다. 결국 컴퓨팅 사고력이 좋은 사람이 4IR 시대의 경쟁력을 갖춘 인재가 된다. 물론, 음성과 뇌파 코딩 기술은 이미 어느 정도 개발이 완성된 단계로, 포털에 검색하면 바로 확인할 수 있다. 이를 내 종교와 관련해 이야기해보겠다.

나는 개신교도이며, 하나님의 창조설을 믿는다. IT 분야에서 나름의 준전문가로서 음성 코딩과 뇌파 코딩으로의 진보를 보고 있자니, 신이 인간을 창조했다는 설이 믿기기 시작한 것이다. 인간의 기술도 이만큼 진보했는데, 신이 하지 못할 이유가 있을까. 《성경》의 창세기에는 하나님이 말씀음성으로 세상을 창조하셨다고 되어 있다. 이 부분에서 하나님이 만든 음성 코딩 플랫폼이 자연계나 우주 시스템에서 백 그라운드로 작동하지 않았을까 생각해본다. 창조된 세계에서 음성 코딩 플랫폼의 작동이 지금도 가능하고, 여기에 인간의 믿음이 더해진다면, 인간이 관찰할 수 없는 특수한 메커니즘 형태가 존재할 수 있다고 생각한다. 물론 내 개인적인 생각이므로 증명할 수는 없다. 그럼에도 불구하고 이런 이야기를 하는 것은, 멀지 않은 미래 사회에도 과학적으로 증명할 수 없는 무언가가 있으리라는 생각 때문이다. 실제로 과학자는 무신론자보다 유신론자가 더 많다.

IT 관련 콘텐츠에 관심을 두고, 교육을 받으며 컴퓨팅 사고력을 키우자. 늦었다고 생각할 때가 그래도 빠른 편이다! 4맹이 되지 않기 위해 개인은 노력하고, 기업과 정부 기관은 책임감을 갖자. 서퍼가 거친 파도를 즐기는 모습이 4IR 시대를 대비하는 모습이어야 한다. 변화는 확실히 보통의 사람에게는 적응하기 어려운 파도와 같으며, 현재 우리의 포지션은 그리 낙관적이지 않다. 그러므로 전문가와 지도자의 역할이 중요하다. 4IR의 도입기에는 관리하고 통제하기 쉬운 시스템을 구축하는 것도 필요하지만, 사람이 행복하게 생존할 수 있는 기반을 닦는 게 무엇보다 중요하다. '누군가는 하겠지. 우리 세대가 그것까지 책임질 필요는 없어.'라고 생각하면, 지하자원은 없고, 삼면이 바다고 한 면조차 휴전선으로 가로막힌 우리나라는 4IR 시대에 꽤 불리할 수 있다. 과연 누가 4IR 시대에 호랑이의 어금니 역할을 할 것인가? 깨어나야 한다! 보통의 인간인 우리가 호랑이의 어금니가 되어야 한다. 《성경》의 잠언 16장 9절에는 '사람이 마음으로 자기의 길을 계획할지라도 그의 걸음을 인도하시는 이는 여호와시니라'라고 하였다. 인간의 한계는 분명하며, 신은 그 한계선 너머에 있다는 뜻이다. 그러나 우리는 한계에 도달할 때까지 생존을 위해 노력해야 한다. 선구자는 한계선을 넓히기 위해 노력하고, 뒤따르는 자를 배려해야 한다. 방금까지는 불가능했던 일이 몇 시간, 몇 분 후에는 가능해지는 때가 4IR 시대이다. 빠른 변화가 일어나는 사회에서 성공한 인생이란 무엇인지 진지하게 고민할 때이다.

· 나만의 생각 정리하기 ·

① 시대에 적합한 나만의 인생 목적을 세워보자!

② 시대가 요구하는 인재상에 나는 얼마나 부합하는가?

③ 내가 생각하는 4IR 시대의 유망 업종은 무엇인가?

④ 4IR을 대비하여, 나는 어떤 교육을 받기를 원하는가?

⑤ '신세계의 행복을 찾아서'를 읽고 기억에 남는 부분은?

⑥ '독점할 것인가, 경쟁할 것인가?'를 읽고 기억에 남는 부분은?

⑦ 4IR 시대에 나는 무엇을 대비할 것인가?

PART 6

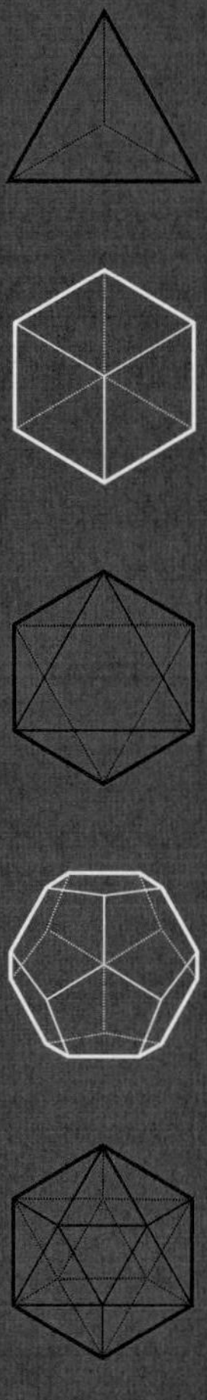

포스트 코로나와 4차 산업혁명 시대

포스트 코로나의 변화를 간파하라

코로나19는 우리에게 많은 변화를 가져왔다. 사회적 거리두기라는 지침 아래, 신체적 활동이 통제되고, 자의 반 타의 반으로 온라인 수업, 재택근무, 온라인 쇼핑 등 온라인 비대면 활동이 증가했다. 마스크는 일상이 되었고, 스마트기기로 큐알코드를 찍어 동선을 기록 당하며, 교육자들은 온라인 수업을 준비하고, 학생들은 컴퓨터와 스마트기기를 통해 수업을 받는다. 즉, 마음대로 모이고, 오갈 수 있는 자유가 사라지고, 사생활보다는 공공의 이익이 우선시되었다.

얼마 전 과학기술정보통신부와 경찰청이 주최하는 '폴리스 랩 사업 치안 현장 맞춤형 연구개발 시범사업' 아이디어 공모전에 아이디어를 냈다. 범죄가 없는 사회를 만들기 위한 합리적인 통제 모델을 제시하는 아이디어였다. 내가 제시한 방안의 제목은 '전 국민 신체 DB 구축 사업을 위한 세 가지 제안'이다. 범죄 예방, 사이버 안전, 과학 수사의 영역에서 활용하기를 바라며, 구체적으로는 다음과 같다.

첫째, '전 국민 음성 DB 구축 사업'이다. 성년이 되면 지문을 채취하듯, 전 국민의 음성을 채취하는 것이다. 기대 효과로는 보이스 피싱 예방, 범인 찾기, 장난 전화 예방, 긴급 상황 대처 등이다. 물론, 나이대별로 음색이 달라지므로 10년마다 갱신해야 하며, 자연스러운 대화나 정해진 글을 읽는 방법으로 채취하면 좋겠다. 음성 추출을 위한 예시 글에는 보이스 피싱에 자주 사용되는 단어인 통장, 돈, 이체, 고객님, 현금 등의 단어를 포함하면 실용적일 것이다.

둘째, '전 국민 DNA DB 구축 사업'이다. 손톱과 모발을 채취하면 된다. 범죄 예방 및 미제 사건 해결 등을 목표로 하며, 과학 수사에 도움이 되리라 예상한다.

셋째, '건강보험공단과 국민 신체 정보 공유 DB 구축 사업'이다. 공공기관에서 보유하고 있는 국민의 혈액형, 신장, 몸무게 등의 정보를 공유하면 범죄 예방과 과학 수사에 도움이 될 것이다. 이 사업을 실행하기 위해서는 여론을 통해 공감대를 형성하고, 개인정보 보호법의 개정이 필요하다. 결국, 4IR 시대에 범죄 예방을 위해서는 경찰의 수사도 첨단 기술과 결합해야 한다.

한편, 코로나19 이후 리스크가 높은 소규모 자영업은 줄고, 기업은 인력을 축소하는 등 긴축 정책을 펼치며 장기적 불황에 대비하는 모양새이다. 그러나 방제 관련 업체나 비대면 서비스를 제공하는 분야의 업체는 호황을 누리며, 일자리를 늘리고 있는 실정이다. 그리고 이제는 사람이 소규모로 모일 수 있는 공간을 만들어야 한다는 목소리도 높아지고 있다. 즉, 상시 전염병 시대를 맞이해, 대면 서비스를 할 수밖에 없는 업종은 사람을 만날 수 있는 물리적 공간을 만들어야 한다는 말이다. 당장은 부담일 수 있지만, 그렇게 해야 살아남을 수 있다.

포스트 코로나 시기에는 기본소득에 대한 논의가 거세질 것이다. 영세 자영업자, 영세 중소기업이 폐업하며, 공공 근로 형태의 다양한 사업이 운영될 것이다. 코로나19에 장기 대응 플랜은 개인과 기업, 정부 모두에게 필요하다. 대비 없이는 살아남을 수 없다. 포스트 코로나의 변화에 대비하고, 사람 중심 자본주의의 단계로 성장할 때까지, 버티는 자가 승리한다.

포스트 코로나, 생존의 기술은 무엇인가?

많은 기업이 4IR 기술을 활용해 생존력을 높이고 있다. 4IR 시스템을 활용해 신상품을 개발하고, 리스크를 관리하며, 실제로 빅데이터로 미래를 분석해 내놓은 제품이 성공을 거두기도 했다. 그리고 사물 인터넷 기술을 이용해 고객을 실시간 모니터링하기도 한다. 포스트 코로나에는 비대면 기술이 생존의 핵심이다. 온라인으로 처음부터 끝까지 서비스할 수 있으면 유리한 고지를 점령하는 것이다.

주문과 결제는 온라인으로, 배송은 오프라인으로 제공하는 쇼핑몰 사업은 유망 업종이며, 오프라인 매장 또한 예약제나 O2O 방식의 예약제로 운용될 것이다. 즉, 물류업이 활성화되고, 자율 주행 자동차와 자율 주행 드론의 배송 및 운송 분야는 다크호스가 될 전망이다. 그리고 3D 프린터가 각 가정과 기업에 보급되면, 사람들은 간단한 제품은 직접 설계하고 출력해 사용할 것이며, 클라우드와 빅데이터를 활용한 스마트 기술이 건강과 의료 서비스를 제공할 것이다. 또한, 챗봇은 텍스트와 음성 형태로 의료, 법률, 행정, 교육, 금융, 기업 서비스, 민원 서비스 등 다양한 전문 분야에서 인간을 대신할 것이다. 웨어러블 기기나 스마트기기와 연동되어 일상에서 활용될 가능성이 크다. 유튜브와 넷플릭스 같은 재미있고 유의미한 콘텐츠를 홀로그램 형태로 제공하는 새로운 플랫폼이 등장할 것이다. 또한, 호흡이 편한 마스크 대체품이나, 새로운 전염병의 발견과 분석을 위한 진단 키트도 신속히 개발될 것이다.

여기서 우리는 온라인으로 타인과 원활히 소통할 수 있는 '정보통신기술 리터러시'나 '미디어 리터러시'를 개발, 관리해야 한다. 포스트 코로나 시기에는 다양한 리터러시가 필요하지만, 그중에서 사람과 사람, 사람과 로봇이 원활히 소통할 수 있는 '4IR 리터러시'가 필요하다. 즉, 4IR 시대의 소프트웨어 및 하드웨어와의 원활한 소통을 위해서는 정보통신기술 활용 능력이 강화되어야 하며, 사람들의 미디어 활용 능력이 개발되어야 한다.

콘텐츠를 채널에 올려 실시간으로 소통하는 등, 비대면 문화 속에서 원활하게 온택트를 활용하는 것은 개인과 기업의 필수 능력이다. 미래에는 온택트 기술을 넘어서, 마치 실제로 대면하는 것처럼 서비스를 제공하는 화상 통신 서비스와 원격 지원 서비스 영역이 확대할 것이다. 또한, 사람 간의 접촉과 노동력을 최소화할 수 있는 로봇 시스템이 구축되고, 기술 발전은 포스트 코로나라는 특수성으로 인해 더욱 공고해질 것이다.

그러나 시대의 변화에도 흔들리지 않는 기술력이 있다. 바로 생존에 관련한 분야인, 농업, 축산업, 어업, 임업 등의 전통적인 식량 기술 분야와 백신과 치료제를 개발하는 의료 기술 분야, 복지와 공공 일자리 분야 등이 그것이다. 4IR의 시대적 니즈에도 불구하고 현실적인 부분을 생각한다면, 생존의 필수적인 기술을 공인된 방법으로 획득할 필요가 있다. 예를 들어, 학사와 석사, 박사 등의 학력이라는 공인된 라이선스, 국가 기술 자격과 면허증 등이다. 4IR의 도입기에 살게 될 우리는 가까운 미래에 어떤 자격을 취득하는 게 유리할지 생각해 봐야 한다. 아직은 전통적인 채용 시스템을 활용해야 한다. 전통적으로 인정받는 학력과 특정 분야의 자격증을 취득하고, 추가로 4IR 시대에 맞는 기술 자격을 취득하는 게 현실적인 방법이다. 구체적으로는 신규 자격증 중에서도 공신력이 높은 국가 기술 자격을 준비하는 게 좋으며, 국가 공인 자격시험도 신뢰할 만하다. 신규 자격증의 종류는 한국산업인력공단에서 운영 관리하는 큐넷을 보면 알 수 있다. 3D 프린터 분야를 예로 들면, 신규 자격증으로 3D 프린터개발 산업기사, 3D프린터 운용기능사 등이 있는데, 점차 기사나 기능장, 기술사의 영역까지 확대될 가능성이 크다. 빅데이터 분야에도 자격증이 있다. 한국데이터베이스진흥원이 주관하는 데이터분석 전문가, 데이터분석 준전문가, 데이터아키텍처 전문가 등이 그것이다. 인터넷 보안 분야로는 한국포렌식학회와 한국인터넷진흥원이 공동으로 주관하는 디지털포렌식 전문가 2급도 유망하다. 이렇게 잘 알려지지 않은 신규 자격증은 수험서도 마땅치 않고, 전문 교육 기관을 찾기 어렵다는 문제가 있지만, 응시 인원이 적고 난이도도 적절해 합격이 수월하다는 이점이 있다. 관심 있는 분야에서 현실적으로 활용 가능한 자격을 취득하면서, 채용 시장의 흐름을 파악하는 게 좋다.

적극적으로 나를 알리자. 미디어 리터러시가 중요시되는 4IR 시대에는 나를 홍보할 수 있어야 한다. 네이버, 카카오, 조인스 인물정보 등 잘 알려진 인물 DB 사이트에 당신의 이름이 걸리게 하라. 어느 분야에 확실한 기반을 만들어 등록만 되면, 개인 PR에 유용하다. 포스트 코로나 시기에도 자격의 획득은 행복한 생존을 가능하게 하며, PR 능력이 있으면 사막에 떨어져도 살아남을 수 있다. 다음 표는 인물 DB 사이트의 일반적인 인물 등록 기준이다. 절대적인 기준은 아니므로 유의하길 바라며, 세부 기준은 해당 업체의 인물 검색 서비스 기준을 참고하길 바란다. 표에서 당신이 관심 있는 분야의 경력과 일치하는 항목이 있는지 체크하고, 개인 PR을 위한 생존 기술에는 무엇이 있는지 생각해보자.

분야	직업	직위
정치계	정치인	국회의원, 광역 · 지자체 단체장 정당 고위 간부 등
정부 관료	공무원	장 · 차관 4급 이상의 공무원 정부 산하 기관의 장 공기업의 주요 간부 및 임원 대통령과 국무총리가 지명하는 주요 기관의 장
법조계	법조인	대법관, 헌법 재판관, 판사, 검사, 변호사, 군법무관 등
교육계	교육인	대학의 총장, 주요 처장, 교수, 부교수 등
경제계	기업인 금융인	대기업 · 금융 기관 · 주요 벤처 기업의 대표 및 임원 등
군사 분야	군인	육해공군의 장성급 장교
언론계	언론인	언론사의 대표 및 임원, 논설위원, 전문 기자 방송사의 앵커 및 아나운서 출판사의 대표 및 임원
문화 예술계	문화 예술인	비평가, 작가, 화가, 무용가 등
연예계	방송인	탤런트, 배우, 가수, 개그맨 등 연예계 종사자
의료계	의료인	종합 병원과 한방 병원의 장, 유명 의료인 등
시민 단체	시민운동가	유력 시민 단체의 사무총장, 총무, 지방장 등 기관장
학계	학술인 연구원	학술 및 연구 기관의 대표, 책임 연구원급 이상
전문 직업인	전문가	변리사, 관세사, 행정사, 법무사 등 법률상 전문 자격을 취득한 직업인

포스트 코로나가 요구하는 4차 산업혁명 기술은?

포스트 코로나가 요구하는 4IR 시대의 핵심 기술은 단연코 '인공지능'이다. 기업은 이미 인공지능 기술을 인간의 학습 능력과 추론 능력, 자연어 이해 능력 등을 이용할 수 있는 지능화한 로봇이라고 인식하고, 다양한 분야에서 사용하고 있다. 그 예로, 아마존은 음성 인식과 물류 분야에서, 구글은 자율 주행과 헬스 케어, 스마트 홈 분야에서, 애플은 스마트기기의 음성 인식 분야에서 인공지능을 활용하고 있으며, MS는 의료 분야, IBM은 안내와 의료용 로봇 분야에서 활용 중이다. 우리나라 기업으로는 삼성전자는 스마트폰과 가전의 음성 인식, 의료기기, 금융 분야에서, KT는 스피커와 플랫폼 분야에서, SKT는 스피커와 내비게이션, 의료 분야에서, 네이버는 플랫폼 구축에 인공지능을 적극적으로 활용하고 있다. 이외에도, 인공지능으로 뇌파를 분석해 인간의 감정을 읽어내고, 감성 케어에 활용하는 차세대 가상 현실 기기와 인공지능 로봇은 우리나라 인공지능 기술의 발전을 엿보게 한다.

4IR 시대에는 사람이 해오던 전통적인 일에도 인공지능이 도입될 것이다. 인공지능이 탑재된 로봇 법률가, 로봇 의사, 로봇 상담사, 로봇 교사, 로봇 MC, 로봇 군인, 로봇 요리사, 로봇 간병인, 로봇 비서 식으로 말이다. 그리고 이러한 인공지능 로봇을 이용하는 직업군은 상당히 유리한 사회적 위치를 선점하게 될 것이다. '로봇세'나 '기본소득'이라는 키워드가 대두한 이유이다. 물론, 종교인, 심리 치료사, 연예인, 유아와 실버 관련 분야는 로봇으로 대체되지 않을 가능성이 크다. 즉, 인간의 일과 로봇의 일이 철저히 구분된 일도 있고, 인간과 로봇이 함께하는 일도 있을 것이다.

또한, '딥페이크' 같은 악용될 여지가 많은 인공지능 기술이 인류의 문명을 퇴보시킬 거라는 부정적 시각도 만만치 않다. 그러나 우리는 인공지능에 대한 긍정적 시각으로, 그간 인류가 풀지 못했던 난제를 해결할 수 있다는 희망을 가져야 한다. 나아가 인공지능 기술뿐 아니라, 사막 같은 오지를 옥토화하는 사업이나, 해저 도시 건설과 우주 행성 개발 산업과 같은 최첨단 산업의 발전은 인류 생존을 위한 거대한 발걸음이 될 것이다.

컴퓨팅 사고력을 높이기 위해서는, 일단 컴퓨터 활용 능력을 향상

시켜야 한다. 4IR 리터러시를 갖추기 위해 문서 기획과 OA 분야, 그래픽 디자인 분야, 드론 운영과 코딩 분야, 3D 프린터와 캐드 설계 분야, 네트워크 보안 분야, 인공지능 개발과 운영 분야, 빅데이터 분석 분야 등 4IR 시대에 필요한 스킬을 전반적으로 익히고, 그중에 나와 가장 알맞은 하나의 분야를 심도 있게 개발해야 한다. 4IR 시대의 행복한 생존을 위해서는 위에 언급하지 않은 분야라 하더라도, 최소한 한 가지 이상의 4IR 관련 분야 능력을 개발하고 스펙을 쌓아야 한다. 물론, 4IR 시대에도 전통적인 산업이 없어지는 건 아니다. 신기술과 융복합하여 나타날 것이다.

누구도 미래 사회를 확실하게 예측할 수는 없다. 그러나 조금이라도 그 시그널을 감지하고, 아무도 가보지 않은 길이라 해도 갈림길의 끝을 볼 수 있어야 한다.

다음 표를 작성하며 나에게 중요하다고 생각하는 기술의 우선순위를 정해보자. 하나의 기술 항목 안에서도 기술의 세분화가 이루어지기 때문에 표에는 '4IR 기술 분야'라고 표기하였다. 빅데이터 분야만 보더라도, 크게는 데이터 아키텍트와 DB 관리자로 나뉘지만, 세부적으로는 데이터 개발자, 데이터 분석가, 데이터 컨설턴트, 데이터 마케터, 데이터 엔지니어, 데이터 사이언티스트, 데이터 기획자 등의 직무 역할에 따라서 세분화된다. 그러므로 많은 항목을 체크하기보다, 나에게 꼭 필요한 기술 분야 몇 가지만 체크하길 바란다.

나에게 필요한 포스트 코로나의 4IR 기술

· 번호 칸에 우선순위 번호를 붙이세요.
· 확인 칸에는 일부 획득한 기술에 O, 배워야 할 기술에 √를 체크하세요.
· 원하는 기술이 있다면 빈칸에 표시하세요.

번호	확인	4IR 기술 분야	번호	확인	4IR 기술 분야
		빅데이터			지능형 로봇
		인공지능			백신/치료제
		핀테크			유전자 가위
		블록체인			이러닝
		사물 인터넷			3D 프린터
		자율 주행			클라우드
		가상 현실			드론
		증강 현실			홀로그램 화상 통신
		5G			뉴 플랫폼 개발
		4IR 시스템 개발			4IR 시스템 운영

· 나만의 생각 정리하기 ·

① 내가 생각하는 포스트 코로나의 변화는 무엇인가?

② 나에게 꼭 필요한 포스트 코로나의 생존 기술은 무엇인가?

③ '포스트 코로나가 요구하는 4차 산업혁명 기술은?'을 읽고 기억에 남는 부분은?

PART
7

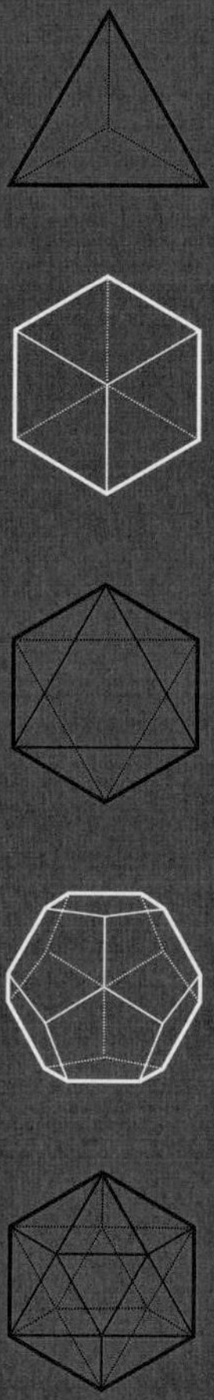

현재와 미래의
행복한 생존을 위한 전략

시대 변화의 시그널을 체크하라

바람이 불면, 바람이 어디서 오는지는 알 수 없으나, 바람에 나부끼는 나뭇잎과 흩날리는 머리카락을 보며 '곧 비가 오겠구나.' 하고 예측할 수 있다. 물론, 개인의 예측은 종종 빗나가며, 기상 데이터를 분석하는 기상청도 늘 정확하게 예측하지 못한다. 자연 현상도 이러한데, 사회 현상은 더 예측이 어렵고 정확도가 낮다. 변수가 많고, 관계가 복잡하기 때문이다.

그래도 생존하기 위해서는 사회 현상에 대한 시그널을 수집하고 분석해야 한다. 신문과 방송 같은 전통적인 매체를 이용하거나, 인터넷과 SNS 등의 뉴 미디어를 수신하며 동시다발적으로 말이다. 그리고 정확도를 높이기 위해서는 진짜 뉴스를 찾아낼 수 있는 안목을 기르고, 관련 서적을 탐독하며, 전문가의 의견에 귀 기울여야 한다.

또한, 흥미 위주의 가짜 정보가 혼재한 유튜브에 심취해서는 곤란하다. 공인된 채널이나 오픈형 빅데이터 분석 사이트 등을 이용해 정확한 시그널을 읽어내고, 검증된 정보라도 크로스 체크해, 내 삶과 내 기업에 영향을 끼칠 만한 정보를 가려내 대비해야 한다.

포털의 검색어 순위나 각 언론사의 헤드라인은 사회의 분위기와 트렌드를 읽어내기 위한 시그널로 충분하다. 우리가 해야 할 일은 분석된 결과를 객관적인 시각으로 해석하는 것이다. 주관적인 해석, 잘못된 해석은 엉뚱한 결과를 낳으므로 사람들과 충분히 토론하여 객관적인 시각을 확보하고, 실무 경험과 노하우를 통해 실행하자.

지금은 확실히 코로나19와 자연환경 변화에 대한 시그널이 많이 감지된다. 이런 시그널이 정확히 수신되었다면, 신속히 대책을 세워야 한다. 대응이 늦으면 시장에서 도태하거나, 사회에서 퇴보할 것이다. 내가 밟고 있는 박사 과정을 예로 들면, 원래는 '전자상거래협동과정'이라고 했으나, 미래 사회를 대비하여 현재는 '디지털미래융합서비스협동과정'이라 명칭을 바꿨다. 석사 전공인 이러닝학도 에듀테크 분야의 전문가 양성을 목표로 한 교육학과 정보통신기술의 융합 과정이다. 이처럼 많은 대학이 발 빠르게 학과의 커리큘럼을 융합해 포스트 코로나를 준비하고 있다. 초등학교, 중학교, 고등학교에서도 코로나19의 장기화에 대비해 수준 높은 이러닝 콘텐츠를 제작하고 있으며, 고등학교에서는 대학처럼 학점제가 실시될 예정이기도 하다. 2020년부터 마이스터고에 우선 도입된 뒤, 2022년부터 일반 고등학교까지 부분 도입된다. 즉, 코로나19는 교육 시스템과 대입 제도까지의 변화를 불러올 것이다. 매우 중요하고 민감한 시그널이다.

정부와 지자체도 포스트 코로나에 대비한 4IR 관련 정책을 펼치고 있다. 인공지능, 가상 현실과 증강 현실, 드론, 3D 프린터, 5G 등의 신기술을 활용한 공공 인프라 구축에 나선 것이다. 우리나라 정부는 대통령 직속의 '4차 산업혁명 위원회'를 만들었다. 민간 위원 20명과 정부 위원 5명으로 구성되어 있으며, 설치와 운영에 관한 규정도 마련된 상태이다. 4차 산업혁명 위원회는 크게 '4차 산업혁명에 대한 종합적인 국가 전략, 4차 산업혁명 관련 부처별 실행 계획과 주요 정책, 4차 산업혁명의 근간이 되는 과학 기술 발전 지원, 인공지능과 정보통신기술 등 핵심 기술 확보 및 기술 혁신형 연구 개발 성과 창출 강화에 관한 사항, 전 산업의 지능화 추진을 위한 신산업·신 서비스 육성에 관한 사항' 등에서 심의를 조정하고 있다. 4차 산업혁명 위원회의 윤성로 위원장은 공식 사이트를 통하여 인사말과 함께 위원회에 대해 이렇게 이야기한다.

"우리는 지금 4차 산업혁명이라는 큰 변화의 물결을 경험하고 있습니다. 4차 산업혁명은 인공지능, 빅데이터, 초연결 등의 지능 정보기술을 기반으로, 다양한 기술, 분야, 산업과 융합해 국가 사회 전반에 파격적 혁신을 일으키고 있습니다. 대통령 직속 4차 산업혁명 위원회는, 급변하는 환경 속에서 특정 부처에서만 다루기 힘든 4차 산업혁명 관련 주제를 심의·조정하고, 관련 혁신을 촉진하기 위해 만들어졌습니다. 4차 산업혁명이 불안한 미래가 아닌, 누구나 원하는 따뜻한 미래가 될 수 있도록 국민 여러분 모두의 의견을 모으는 데 최선을 다하겠습니다."

〈전남제일신문〉 2020년 7월 14일 자 '문재인 대통령, 한국판 뉴딜! 선도 국가로 도약하는 대한민국 대전환 선언!' 기사에 따르면, 2025년까지 민간·지자체를 포함해 160조 원을 투입하고, 신규 일자리 190만 개를 창출하기로 했으며 디지털 뉴딜과 그린 뉴딜 분야에서 한국판 뉴딜의 간판 사업이 될 10대 대표 사업을 선정했다. 한국판 뉴딜의 간판 사업이 될 10대 대표 사업은 '데이터 댐, 인공지능 정부, 스마트 의료 인프라, 그린 리모델링, 그린 에너지, 친환경 미래 모빌리티, 그린 스마트 스쿨, 디지털 트윈, SOC 디지털화, 스마트 그린 산업단지'이다. 이처럼 우리나라 정부는 미래 사회에 대한 준비가 한창이다.

각 지자체도 다양한 방법으로 4IR 시대를 준비하고 있다. 〈전남제일신문〉 2020년 7월 10일 자 '고흥군, 무인기 특화단지 조성에 발 벗고 나선다'라는 기사에 따르면, 고흥 무인기 특화단지는 2023년 준공을 목표로 고흥군의 항공센터 일원에 135,455m^2 규모로 건설될 예정이며, 총사업비 99억 원을 투입하여, 무인기 연구 개발과 제조, 테스트, S/W, MRO 등의 무인기 특화 업종 80%가 들어설 예정이다. 또한, 고흥군은 2020년 7월 산업통상자원부 공모사업에 선정된 '5G 기반 드론 스마트 영농 실증 사업'을 통해 드론 상용화 실증 지원센터, 통합관제센터, 빅데이터 시스템, 성능 평가 장비 등을 구축할 예정이며, 성공하면 특화단지 내에 드론을 연구하고 개발하는 기업이 많이 들어올 것으로 예상한다. 추가로 〈전남제일신문〉 2020년 7월 21일 자 '전남도, 한국판 뉴딜 선도할 전남 형 뉴딜사업 발굴'이라는 기사에 따르면, 전라남도는 정부가 한국판 뉴딜 종합 계획을 발표한 지 일주일 만에 총사업비 8조 4천 500억 원에 달한 91건의 뉴딜 대응 사업을 발굴해, 추진하기 위한 보고회를 가졌다고 전했다.

보고 싶은 정보만 찾아서 볼 수 있는 요즘, 매체들은 콘텐츠 이용자들의 검색 패턴을 분석해 그들이 원할 법한 정보를 제공한다. 그러나 이런 서비스는 자칫 최신 정보에 대한 편식을 부를 수 있다. 최신 정보에 민감하게 반응하기 위해서는 제공되는 정보에만 의지할 게 아니라, 자발적으로 4IR 시대의 시그널을 체크해야 한다. 정부와 지자체, 기업은 이미 이러한 시그널을 감지해 준비하고, 대중에게 최신 IT 기술을 융합한 서비스를 제공하고 있다.

그리고 시대가 변해도 경제 원리나 정치 원리가 아닌 생존의 문제를 해결하기 위한 지원과 양성이 이뤄져야 한다. 영세 자영업자나 자리를 잡지 못한 중소기업은 생존 가능한 분야로 업종을 변경하거나 추가해야 하며, 개인도 변화의 시그널에 맞춰 능력을 개발해야 한다.

누구도 예측할 수 없는 4IR 시대의 모습이 우리를 리스크의 절벽으로 몰아넣고, 전 분야에 걸친 다양한 변화의 시그널이 우리에게 완전히 새로운 방식의 대응 전략을 요구하고 있다. 경제 원리, 정치 원리보다 중요한 것은 생존과 안전이다. 사회적 약자까지 다 함께 공생할 수 있는 세상을 위해 고민하고, 선택하고, 행동해야 한다. 끝까지 생존한 나라가 일류 국가가 되고, 한 사람 한 사람의 노력과 실천이 모여 포스트 코로나의 4IR을 이끌어갈 새로운 바람을 일으킬 것이다.

급변하는 시대 속에도 패턴은 있다

모든 변화에는 패턴이 있다. 수학처럼 딱 떨어지는 답은 없으나, 유심히 관찰하면 패턴은 찾을 수 있다. 호랑이 굴에 들어가도 정신만 차리면 산다고 했다. 불확실하고 무질서한 곳에도 일정한 패턴은 존재하기 마련이고, 이는 문제 해결의 실마리를 제공한다.

개인 스케줄, 자신이 속한 기업의 매출, 사회 제도의 변화를 체크하고, 인기 키워드와 뉴스 헤드라인, 토픽을 보며 정보를 읽어내자. 이렇게 해서 패턴을 빨리 찾아내는 사람이 4IR 시대에 행복하게 생존할 수 있다. 특히, 벤처 사업이나 신사업 분야에 종사한다면 변화의 패턴을 누구보다 신속하고 정확히 읽어야 한다. 투자 손실로 이어지기 때문이다. 패턴을 찾아 상황에 맞게 해석했다면, 다음은 계획하고 실천하는 단계로 나아가야 한다. 분석한 패턴 정보에 대해 '민감하게 반응할 것인가? 아닌가'를 결정하자. 반응 속도 제어 또한 생존력이다.

기업이나 연구 기관에서는 패턴을 정확히 분석하기 위한 기술로 '통계'를 활용한다. 의미 있는 통계를 얻기 위해 표본을 추출하고, 실험하고, 설문조사를 통해 사람의 심리와 행동 패턴을 분석한다. 그리고 이렇게 파악된 정보를 활용하여 사람의 마음을 움직이는 아이템 도출에 성공하면, 소위 대박이 나는 것이다. 요즘에는 빅데이터가 그 일을 하고 있다. 빅데이터에 대한 이해가 필요한 이유이다. 빅데이터 분석 전문가들은 리눅스 서버의 하둡 분산 파일 시스템HDFS을 기반으로 데이터를 수집하여 분석·처리하고, 엑셀이나 사회과학 통계 패키지SPSS, 에이모스AMOS, R, 파이썬Python 등의 프로그램을 활용하여 의미 있는 결과를 도출해, 일반인이 이해할 수 있는 언어로 결과를 나타낸다. 그리고 결과는 관련 업종 전문가들에 의해서 해석되고, 활용된다.

이러한 빅데이터를 분석하는 방법으로는 데이터마이닝, 연관 관계 분석, 군집 분석, 의사결정나무, 인공 신경망, 사례 기반 추론, 머신 러닝, 딥 러닝 등의 기법이 이용된다. 그중에서도 빅데이터 분석의 대표 기법인 데이터마이닝은 사용자의 주관적인 생각과 경험을 배제한 정보와 패턴만을 추출하기 때문에 해당 영역 전문가가 놓치거나 버릴 수 있는 유의미한 정보와 패턴을 찾아낸다. 데이터마이닝 기법을 이용해서 카드 회사는 불법 현황을 발견하고, 금융권은 대출 승인과 투자 분석, 기업의 마케팅과 판매 데이터, 생산 프로세스를 분석한다. 그리고 이 기법은 공공형 빅데이터 자료 사이트를 통해 개인도 이용할 수 있다. 공공데이터 포털https://www.data.go.kr, 마이크로데이터 통합서비스https://mdis.kostat.go.kr, 서울 열린데이터 광장https://data.seoul.go.kr 등을 이용하거나, 네이버 데이터랩https://datalab.naver.com, SKT 빅데이터 허브https://www.bigdatahub.co.kr 등을 이용하면 된다. 이러한 오픈 데이터 사이트를 잘 활용하면, 창업 아이템을 찾거나 신사업을 구상하는 데 도움이 될 것이다.

감각과 직관만으로는 패턴을 찾을 수 없는 시대이다. 그래서 빅데이터 기술이 개발되고, 오픈형 데이터 사이트가 등장했을 것이다. 빅데이터는 한 가지 정답보다 다양한 해석의 여지가 있는 답을 제공한다. 현재 상황을 객관적으로 파악하고, 가까운 미래에 대한 불확실성을 낮추기 위한 예측 자료로 활용하자.

내가 요새 느끼는 사회적 키워드는 '참여, 경험, 비대면'이다. 이제는 소비자나 수요자가 생산과 제작 과정에 적극적으로 참여하고자 하며, 기업도 이러한 소비자와 수요자의 요구를 받아들이기 위해 다양한 채널을 구축하고 있다. 비대면 사회는 키오스크와 같은 셀프·무인 결제 시스템, DIY 가구, 유튜브와 같은 동영상 커뮤니케이션 플랫폼의 성공을 불러왔다. 모두 소비자의 트렌드가 반영된 성공한 아이템이라 할 수 있다. 특히, DIY는 기업에서 제품의 생산비를 줄이고 합리적 가격에 선보이기 위해 등장했다. 소비자가 직접 자신의 취향과 생활 방식에 따라 가구를 만들 수 있다는 장점은 참여와 경험하고자 하는 시대적 니즈가 잘 드러난 사례이다.

패턴을 찾았다면 실무 능력이 병행되어야 한다. 아무리 유의미한 패턴을 찾아냈더라도, 시기가 맞아야 한다. 하늘은 스스로 돕는 자를 돕는다. 패턴을 찾는 것은 개인과 기업의 행복한 생존을 위한 열쇠이다.

계획이 있는 것이 없는 것보다 낫다

다양한 시그널과 패턴에 대한 인식은 우리를 반응하게 만든다. 그리고 반응함으로써 성공 가까이에 가려면, 즉흥적이기보다는 계획적이어야 한다. 장기적인 안목을 갖고, 확실한 목표를 세워 나아가야 한다. 영화 〈기생충〉의 "아들아, 너는 계획이 다 있구나!"라는 명대사가 떠오른다. 재미있는 대사지만, 사실 아들의 행동은 즉흥적이었고, 그 결과는 참담했다. 영화 〈기생충〉을 보고 씁쓸함을 느꼈다. 나 같은 서민도 올라갈 수 있는 사다리가 있으면 좋겠다. 다가올 미래에는 누구나 위로 올라갈 수 있는 사다리가 있어야 한다.

그렇다면 패턴을 발견한 뒤에는, 어떤 계획을 세워야 하는가? 개인이든 기업이든 지금 어떤 패를 가지고 있느냐가 중요하다. 쓸모없어 보이는 패를 쥐었더라도 좌절하지 말자. 내가 가진 패의 장점을 찾아 극대화해야 한다. 천 리 길도 한 걸음부터이며, 그 첫걸음은 계획이다. 계획을 잘 짜면 절반은 성공이다. 나도 이 책을 쓰기 위해 출간 기획서부터 작성해 큰 틀을 짰다. 허술한 틀이라도 있는 것이 없는 것보다 낫다. 물론, 계획대로 진행되지는 않는다. 변수가 많기 때문이다. 나는 아이들에게도 시험 보기 전에 시험 준비 계획서를 쓰라고 한다. 그러면 한 아이는 너무 꼼꼼하게 쓰고, 한 아이는 할 수 있는 정도로만 듬성듬성 계획해 쓴다. 장단점이 있으므로, 그냥 자기 성향에 맞게 끔 두는 편이다. 당신도 이렇게 나름대로의 계획서를 써보자.

진인사대천명盡人事待天命이라고 한다. 사람이 할 수 있는 가장 위대한 일은, 꿈을 꾸고, 계획하고, 기도하는 것이다. 4IR 시대를 대비하는 사람에게 가장 중요한 덕목이 아닐까 한다. 지금 이 책을 읽고 있는 당신은 최소한 4IR에 대한 준비가 필요하다고 인식했을 것이다. 그렇다면 혼자서 계획하기보다 전문가의 조력을 받자. 아마추어적 관점으로 계획하고 추진하다 보면 일정이 꼬이고, 막혀버리는데다, 역량이 부족한 경우도 많다. 전문가의 조력을 받는 게 가장 빠르고 확실한 길이다. 물론, 공짜는 없다. 전문가를 만나려면 돈이 든다. 관련 분야의 서적이나 전문 인력이 제공하는 유료 서비스를 이용하자. 예를 들어, 당신이 토익을 준비한다면 독학보다는 학원을 이용하는 게 효과적이며, 국어, 영어, 수학 공부나 IT 관련 자격증, 특정 분야의 전문 자격증 시험을 준비하더라도 학원에 다니는 게 좋다. 교과서만 보고 공부해도 수능 만점을 받는 사람이 아니라면, 이렇게 공부하는 게 효과적이라는 말이다.

계획하자. 내가 처한 상황과 가지고 있는 특기와 장점으로 나만의 계획을 세우자. 나만의 특성이 드러나도록, 내가 경험한 고유한 스토리가 느껴지도록 계획하자.

2020년 초에만 해도 코로나19와 같은 일을 예상한 이는 없었다. 2015년, 빌 게이츠가 바이러스의 대유행을 예측한 적은 있지만, 크게 관심 받지는 못했다. 그러나 현재, 코로나19가 해결되지도 않았는데 신종 돼지독감과 흑사병이 돌고 있다는 소식이 들리고, 약 77억 9,500만 명의 세계 인구수는 지구가 감당할 수 있는 수준이 아닌 것 같다. 이런 상황은 우리가 계획해서 맞이한 게 아니다. 갑자기 우리를 덮쳤다고 보아도 무방하다. 그러나 4IR이 우리를 변화시킬 것이라는 예측은 많은 전문가가 입을 모아 하는 이야기이다. 지금부터도 늦지 않았다. 나만의 경험을 바탕으로 4IR 시대를 대비하고, 나만의 특기와 장점을 극대화해 생존력을 높여야 한다. 나를 브랜드화해야 한다.

나도 내 인생을 행복한 인생이라거나, 4IR 시대를 대비한 인재라고 말하기 어렵다. 다만, 행복한 4IR 시대를 위해 노력하는 사람이라고는 말하고 싶다. 우리 모두 4IR 시대를 대비해 '사람 중심 자본주의'로 나아가자. 해피 제너레이터 사피엔스가 되어 전진하자.

인류는 코로나19를 통해 반성하고 성찰할 필요가 있다. 개인의 종교적, 도덕적 관점으로 이 사태를 바라볼 때이다. 인류는 먹지 말아야 할 것을 먹지 않고, 하지 말아야 할 것을 하지 않아야 한다. 야생동물을 먹지 않는 게 생존에 유리하며, 해보지 않은 일, 가보지 않은 곳으로의 탐험을 떠난다면, 그 목적이 욕심이 아닌 공존을 위한 길이어야 한다. 기존에는 기술의 진보와 확장이 인류를 위한 길이었다면, 이제는 절제하고 구분하며 사는 게 인류를 위한 길이다.

이 책을 읽으며 '캡스톤 포인트'라는 급변점을 맞이한, 포스트 코로나 시기의 행복한 생존을 고민해보았으면 한다. 그 생존을 위한 준비가 된 사람, 다양한 형태로 곧 펼쳐질 최첨단 사회를 살아갈 사람은 여러분이다. 모든 것이 순조롭게 성취되길 바란다.

· 나만의 생각 정리하기 ·

① 내가 감지한 시대 변화의 시그널은 무엇인가?

② 내가 느낀 사회 변화의 패턴은 무엇인가?

③ '계획이 있는 것이 없는 것보다 낫다'를 읽고 기억에 남는 부분은?

생각하고, 계획하고, 실천하면 삶이 변화한다!

40대가 되자 뭔가 남겨야 한다는 마음이 들었다. 며칠을 고민하다가 2019년 10월 12일, 나는 그 계획의 일환으로 가족에게 책을 집필하겠다고 선포했다. 물론, 그 선택에 있어서 하나님이 늘 함께하신다. 아주 독실한 건 아니다. 종교 생활을 해보기 위해 노력하고, 착하고 성실하게 살기 위해 노력하는, 겨우 보통의 인생을 사는 중이다.

나는 큰일을 시작할 때 가족과 주변인에게 선포부터 한다. 금연과 금주를 할 때도, 자격증을 준비할 때도, 공기업에 사표를 쓰고 학원을 개원할 때도 그랬다. 대학원 입학, 신문사 창간, 겸임 교수 지원, 책 집필 모두 선포부터 하고 시작했다. 그렇게 하면 책임감이 생겨서 끝까지 할 수 있었다. 늘 순탄한 건 아니었고, 그냥 될 때까지 했다.

책을 쓰겠다고 선포하고 2주 정도는 정말 열심히 썼다. 그러다가 바쁘다는 이유로 잠시 펜을 놓았다. 체력의 한계와 아이디어의 고갈, 다사다난한 현실적 일들이 발목을 잡았다. 그러다가 다시 책을 쓰겠다고 생각한 건, 2020년 6월 27일이다. 대학원 박사 과정 마지막 코스워크 학기가 끝나서 여유도 생기고, 코로나19로 집 안에 머무는 시간이 많아졌기 때문이다. 그렇게 코로나19는 나에게 다시 펜을 잡게 했다. 물론 지금도 학원을 운영하면서 직접 학생을 가르치고, 신문사를 운영하면서 기사를 쓰고, 겸임 교수로서 학생을 평가하고, 다음 학기 준비를 하고 있다. 그래서 시간을 쪼개고 잠을 줄이며 이 책을 집필했다. 사업장에서 늘 웃으며 힘을 보태는 멋진 아우님, 이기적인 남편이자 아빠인 나를 응원하는 가족들에게 미안함과 고마움을 전한다.

그리고 운명의 이끄심으로 슬로디미디어출판사를 만나 이 책을 출간하게 되었다. 책을 쓴 건 한 달가량이지만, 책을 쓰겠다고 마음먹고 움직여 출판사와 연결되기까지는 9개월이 걸렸다. 하늘이 이어준 운명이라 생각한다. 생각하고, 계획하고, 실천하면 삶의 변화가 시작한다는 내 논리가 실현되는 순간이었다.

출간에 도움을 주신 출판사 관계자 분들, 그리고 묵묵히 응원해준 가족에게 지면을 빌어 한 번 더 고마움을 전한다. 그리고 나를 인도하신 하나님께 감사드린다. 이 책이 여러분 삶에 변화의 시작점이 되었으면 한다. 포스트 코로나 이후 4IR 시대에도 인생 변화의 시작은 생각과 구체적인 계획, 그리고 실천임을 잊지 말자! 아래는 내 자작시이다. 읽어보고 공감과 함께 피식 웃었으면 좋겠다. 그것이 행복이다.

행복

어느 날 햇살이 나를 향해 웃는다.
이름 모를 풀꽃이 나비 향해 흔들리고,
동네 어귀 얼굴은 즐거움을 여민다.

어느 날 바람이 새와 같이 춤추며,
흥겨워진 대지는 반가움을 흘린다.
어느 덧 하늘에는 일곱 빛 향기가 아른거린다.